A reflexão e a prática no ensino

6

História

Blucher

A reflexão e a prática no ensino

6

História

Márcio Rogério de Oliveira Cano
coordenador

REGINA SOARES DE OLIVEIRA
autora

VANUSIA LOPES DE ALMEIDA
autora

VITÓRIA AZEVEDO DA FONSECA
autora

Coleção A reflexão e a prática no ensino - Volume 6 - História
MÁRCIO ROGÉRIO DE OLIVEIRA CANO (coordenador)
©2012 REGINA SOARES DE OLIVEIRA, VANUSIA LOPES DE ALMEIDA,
VITÓRIA AZEVEDO DA FONSECA.
Editora Edgard Blücher Ltda.

Blucher

Rua Pedroso Alvarenga, 1245, 4º andar
04531-012 – São Paulo – SP – Brasil
Tel.: 55 11 3078-5366
editora@blucher.com.br
www.blucher.com.br

Segundo o Novo Acordo Ortográfico, conforme 5. ed. do *Vocabulário Ortográfico da Língua Portuguesa*, Academia Brasileira de Letras, março de 2009

É proibida a reprodução total ou parcial por quaisquer meios, sem autorização escrita da Editora.

Todos os direitos reservados pela Editora Edgard Blücher Ltda.

Ficha catalográfica

Oliveira, Regina Soares de
História / Regina Soares de Oliveira, Vanusia Lopes de Almeida, Vitória Azevedo da Fonseca; Márcio Rogério de Oliveira Cano, coordenador. -- São Paulo: Blucher, 2012. -- (Coleção a reflexão e a prática no ensino; 6)
Bibliografia

ISBN 978-85-212-0674-3

1. História (Ensino fundamental) I. Almeida, Vanusia Lopes de. II. Fonseca, Vitória Azevedo da. III. Cano, Márcio Rogério de Oliveira. IV. Título. V. Série.

12-03398   CDD-372.89

Índices para catálogo sistemático:
1. História: Ensino fundamental 372.89

Sobre os autores

MÁRCIO ROGÉRIO DE OLIVEIRA CANO (COORD.)

Mestre e doutor pelo Programa de Estudos Pós-Graduados em Língua Portuguesa da Pontifícia Universidade Católica de São Paulo. Desenvolve pesquisas na área de Ensino de Língua Portuguesa e Análise do Discurso. Possui várias publicações e trabalhos apresentados na área, além de vasta experiência nos mais variados níveis de ensino. Também atua na formação de professores de Língua Portuguesa e de Leitura e produção de textos nas diversas áreas do conhecimento nas redes pública e particular.

REGINA SOARES DE OLIVEIRA

Bacharel e licenciada em História pela Universidade de São Paulo, é mestre em História pela Universidade Estadual de Campinas, onde atualmente desenvolve seu doutorado na área de Política, Cidade e Memória. É professora da rede estadual de ensino do Estado de São Paulo desde 2004, também foi professora da rede municipal de São Paulo.

VANUSIA LOPES DE ALMEIDA

Licenciada em História pela Universidade Federal de Ouro Preto, especialista em Educação pela PUC-SP. Há 20 anos atua como professora e coordenadora de projetos nas redes estadual, municipal e particular de São Paulo. Desenvolveu cursos de formação de professores entre 2005 e 2007 para a prefeitura de Barueri e para a rede estadual de ensino do Estado de São Paulo.

VITÓRIA AZEVEDO DA FONSECA

Bacharel e licenciada em História pela Unicamp, fez mestrado na mesma universidade na área de História Cultural e desenvolveu o doutorado em História Social na UFF (Universidade Federal Fluminense). Leciona na rede estadual de ensino do estado de São Paulo desde 2010.

Apresentação

A experiência é o que nos passa, o que nos acontece, o que nos toca. Não o que se passa, não o que acontece, ou o que toca. A cada dia se passam muitas coisas, porém, ao mesmo tempo, quase nada nos acontece. Dir-se-ia que tudo o que se passa está organizado para que nada nos aconteça. Walter Benjamin, em um texto célebre, já observava a pobreza de experiências que caracteriza o nosso mundo. Nunca se passaram tantas coisas, mas a experiência é cada vez mais rara.

Jorge Larrosa Bondía, 2001,
I Seminário Internacional de Educação de Campinas.

Esse trecho de uma conferência de Larrosa é emblemático dos nossos dias, da nossa sociedade do conhecimento ou da informação. Duas terminologias que se confundem muitas vezes, mas que também podem circular com conceitos bem diferentes. Vimos, muitas vezes, a sociedade do conhecimento representada como simples sociedade da informação. E não é isso que nos interessa. Em uma sociedade do conhecimento, podemos, por um lado, crer que todos vivam o conhecimento ou, por outro, que as pessoas saibam dele por meio de e como informação. Nunca tivemos tanto conhecimento e nunca tivemos tantas pessoas informadas e informando. Mas a experiência está sendo deixada de lado.

O grande arsenal tecnológico de memorização e registro, em vez de tornar as experiências do indivíduo mais plenas, tem esvaziado a experiência, já que todos vivem a experiência do outro, que vive a experiência do outro, que vive a experiência do outro... Quando não tínhamos muito acesso aos registros da história, era como se vivêssemos o acontecimento sempre pela primeira vez. Hoje, parece que tudo foi vivido e está registrado em algum lugar para que possamos seguir um roteiro. Isso é paradoxal.

No entanto, não compactuamos com uma visão pessimista de que tudo está perdido ou de que haja uma previsão extremamente desanimadora para o futuro, mas que, de posse do registro e do conhecimento, podemos formar pessoas em situações de experiências cada vez mais plenas e indivíduos cada vez mais completos. E parece-nos que a escola pode ser um lugar privilegiado para isso. Uma escola dentro de uma sociedade do conhecimento não deve passar informações, isso os alunos já adquirem em vários lugares, mas sim viver a informação, o conhecimento como experiência única, individual e coletiva.

Tendo a experiência como um dos pilares é que essa coleção foi pensada. Como conversar com o professor fazendo-o não ter acesso apenas às informações, mas às formas de experienciar essas informações juntamente com seus alunos? A proposta deste livro é partir de uma reflexão teórica sobre temas atuais nas diversas áreas do ensino, mostrando exemplos, relatos e propondo formas de tornar isso possível em sala de aula. É nesse sentido que vai nossa contribuição. Não mais um livro teórico, não mais um livro didático, mas um livro que fique no espaço intermediário dessas experiências.

Pensando nisso como base e ponto de partida, acreditamos que tal proposta só possa acontecer no espaço do pensamento interdisciplinar e transdisciplinar. Tal exercício é muito difícil, em virtude das condições históricas em que o ensino se enraizou: um modelo racionalista disciplinar em um tempo tido como produtivo. Por isso, nas páginas desta coleção, o professor encontrará uma postura interdisciplinar, em que o tema será tratado pela perspectiva de uma área do conhecimento, mas trazendo para o seu interior pressupostos, conceitos e metodologias de outras áreas. E também encontrará perspectivas transdisciplinares, em que o tema será tratado na sua essência, o que exige ir entre, por meio e além do que a disciplina permite, entendendo a complexidade inerente aos fenômenos da vida e do pensamento.

Sabemos, antes, que um trabalho inter e transdisciplinar não é um roteiro ou um treinamento possível, mas uma postura de indivíduo. Não teremos um trabalho nessa perspectiva, se não tivermos um sujeito inter ou transdisciplinar. Por isso, acima de tudo, isso é uma experiência a ser vivida.

Nossa coleção tem como foco os professores do Ensino Fundamental do Ciclo II. São nove livros das diversas áreas que normalmente concorrem no interior do espaço escolar. Os temas tratados são aqueles, chave para o ensino, orientados pelos documentos oficiais dos parâmetros de educação e que estão presentes nas pesquisas de ponta feitas nas grandes universidades. Para compor o grupo de trabalho, convidamos professoras e professores de cursos de pós-graduação, juntamente com seus orientandos e orientandas de doutorado e de mestrado e com larga experiência no ensino regular. Dessa forma, acreditamos ter finalizado um trabalho que pode ser usado como um parâmetro para que o professor leia, possa se orientar, podendo retomá-lo sempre que necessário, juntamente com outros recursos utilizados no seu dia a dia.

Márcio Rogério de Oliveira Cano
Coordenador da coleção

Prefácio

O ensino de História[1] sofreu, nos últimos trinta anos, sucessivas transformações de ordem didático-pedagógica, principalmente em relação às suas abordagens, temáticas e procedimentos. Essas mudanças referiram-se não somente aos rumos tomados ao longo do século XX, no campo intelectual e acadêmico, pela interpretação da história, mas também estiveram ligadas aos processos históricos vividos pelas sociedades nessas últimas décadas. Não devemos, no entanto, desconsiderar as transformações que a própria escola sofreu, em sua função social, frente ao mundo do trabalho e de processos internos de negociação de sentidos e interesses entre professores e alunos[2].

Os capítulos deste volume pretendem apresentar temas ou abordagens já consagrados entre nós, professores de História do Ensino Fundamental, além de outros temas ainda pouco trabalhados em sala de aula.

Começamos o volume discutindo o **documento histórico**, tema presente em quase todos os capítulos. Ao refletirmos sobre **cinema, fotografia** e **música**, além da questão documental, nos remetemos ao trabalho interdisciplinar da História com outras linguagens.

[1] Em todos os capítulos deste volume, usaremos a palavra História (iniciada com letra maiúscula), quando nos referirmos à disciplina ou ciência histórica, e história (em minúscula) quando estivermos nos referindo à história como experiência individual ou social.

[2] Por mera facilidade de redação, usaremos a generalização masculina "professor", "professores", "aluno", "alunos", entre outras.

A proposta de trabalhar com **memória e história oral** teve como intuito possibilitar a observação de aspectos da história nem sempre perceptíveis, por meio de outras fontes, aproximando os alunos de uma metodologia de pesquisa que dinamiza o ensino de História, valoriza a tradição oral e a preservação da memória, bem como das experiências individuais e coletivas de personagens próximos ao convívio dos educandos.

No capítulo sobre **patrimônio**, trouxemos o tema da experiência do tempo, do sentimento de perda do passado e das escolhas que fazemos, a partir dos anseios da humanidade em relação ao desejo de preservar da história.

Apresentamos a proposta de olhar a **cidade** como um espaço de experiências, de interação entre pessoas e também de exploração do conhecimento histórico, na busca de trazer às aulas uma visão problematizadora e contextualizada da história e do respectivo ensino.

Uma das grandes discussões da historiografia do século XX se relaciona à complexidade das subjetividades. No capítulo "**História e pontos de vista**" trouxemos essa discussão propondo aos alunos atividades que evidenciassem os diferentes lugares de onde os vários tipos de textos (escritos, falados, filmados) apresentam suas interpretações sobre os processos e agentes históricos.

Ainda que o caráter lúdico e criativo esteja presente, de forma latente, em várias atividades propostas, achamos necessário um capítulo sobre a questão dos **jogos** nas aulas de História, resgatando a capacidade imaginativa de professores e alunos, a partir dos jogos de interpretação de papéis (RPG).

Por fim, como um dos grandes objetivos do ensino de História é a formação de cidadãos e por ser essa questão tão cara à história contemporânea brasileira, propusemos uma discussão mais atenta sobre as possibilidades de abordagem do tema **cidadania** na e pela escola.

Esperamos que as reflexões e atividades aqui apresentadas propiciem o desenvolvimento de novas propostas de trabalho em sala de aula, assim como o repensar de nossas práticas em um processo de aproximação prazerosa e significativa de nossos alunos com a história.

As autoras

Conteúdo

1. O DOCUMENTO HISTÓRICO COMO INSTRUMENTO DE APRENDIZAGEM 19
1.1 O que é um documento histórico? 19
1.2 Intenções do (e no) uso do documento histórico 21
1.3 Por que utilizar o documento histórico em sala de aula? 23
1.4 Trabalhando com documentos históricos 25
1.5 Sequência didática: usos e funções do documento histórico 25
1.6 Sequência didática: leituras sobre o mesmo tema 27
1.7 Para finalizar 29
1.8 Sugestões de leitura 29
1.9 Referências bibliográficas 30

2. HISTÓRIA E CINEMA 31
2.1 Histórias do cinema 32
2.2 História no cinema: narrativas audiovisuais 35
2.3 História com cinema: análise de documento 37
2.4 Sequência didática: o cinema nas aulas de história 39
2.5 Para finalizar 44
2.6 Sugestões de leitura 44
2.7 Referências bibliográficas 45

3. A UTILIZAÇÃO DA FOTOGRAFIA EM SALA DE AULA 47
3.1 O trabalho com fotografia 47
3.2 Cuidados ao trabalhar com fotografias 48
3.3 O poder da fotografia 50
3.4 Considerações sobre o trabalho com imagens 51
3.5 Possibilidades de trabalho com fotografias 55
3.6 Sequência didática: montando um painel fotográfico 55
3.7 Para finalizar 58
3.8 Sugestões de leitura 58
3.9 Referências bibliográficas 58

4. MÚSICA E HISTÓRIA 61
4.1 Música como instrumento de aprendizagem 62
4.2 Contextualizando a música brasileira 65
4.3 Diferentes estilos e possibilidade de abordagem 67
4.4 Alguns cuidados no trabalho com música 71
4.5 Sequência didática: linguagem musical e História 72
4.6 Para finalizar 74
4.7 Sugestões de leitura 74
4.8 Referências bibliográficas 75

5. MEMÓRIA E HISTÓRIA ORAL 77
5.1 O papel da memória 78
5.2 A memória através do tempo 79
5.3 Memória coletiva e memória individual 80
5.4 O uso da história oral e o trabalho com a memória 83
5.5 Observações no uso da história oral em sala de aula 84
5.6 Sequência didática: trabalhando com memórias 85
5.7 Para finalizar 87
5.8 Sugestões de leitura 88
5.9 Referências bibliográficas 88

6. HISTÓRIA E PATRIMÔNIO 91
6.1 O que é patrimônio? 91
6.2 Noções do conceito de patrimônio 92
    6.2.1 Ruínas da antiguidade 92
    6.2.2 Destruição na revolução francesa 94
    6.2.3 As perdas da revolução industrial 95
    6.2.4 O patrimônio na contemporaneidade 96
6.3 O discurso do patrimônio no Brasil 97
6.4 Sequência didática: montando uma maquete 99
6.5 Para finalizar 100
6.6 Sugestões de leitura 101
6.7 Referências bibliográficas 101

7. HISTÓRIA E CIDADE 103
7.1 Por que as cidades se apresentam como objeto de estudo? 103
7.2 O que é uma cidade? 105
7.3 Da Idade Média à cidade contemporânea 106
7.4 Ler e entender a cidade 109
7.5 Sequência didática: observando as transformações da cidade 111
7.6 Para finalizar 113
7.7 Sugestões de leitura 113
7.8 Referências bibliográficas 114

8. HISTÓRIA E PONTOS DE VISTA 115
8.1 Mudanças de ponto de vista na escrita da História 116
8.2 Ponto de vista: subjetividade e *lugar* 119
8.3 Ponto de vista jornalístico: o documentário e a Coluna Prestes 122
8.4 Sequência didática: pontos de vista em filmes 126
8.5 Para finalizar 127
8.6 Sugestões de leitura 127
8.7 Referências bibliográficas 127

9. OS JOGOS NAS AULAS DE HISTÓRIA 129
9.1 O que é jogo? 130
9.2 O jogo de interpretação de papéis nas aulas de História 131
9.3 Sequência didática: jogos de representação 135
9.4 Para finalizar 138
9.5 Sugestões de leitura 139
9.6 Bibliografia 139

10. O ENSINO DE HISTÓRIA E A QUESTÃO DA CIDADANIA NA ESCOLA 141
10.1 Mas, afinal de contas, o que é ser cidadão? O que é cidadania? 142
10.2 Diferenças entre a cidadania na antiguidade e a cidadania na
  contemporaneidade 143
10.3 As especificidades da evolução da cidadania no Brasil 144
10.4 Cidadania e educação, cidadania e ensino de História 147
10.5 Trabalhando a cidadania na escola e nas aulas de História 148
10.6 Sequência didática: exercitando a cidadania 150
10.7 Para finalizar 153
10.8 Sugestões de leituras 154
10.9 Referências bibliográficas 154

1

O documento histórico como instrumento de aprendizagem

A utilização de documentos históricos em sala de aula, se bem desenvolvida, pode propiciar momentos de extrema riqueza e soma-se aos esforços de possibilitar ao aluno o contato com outras sociedades e temporalidades, por meio de registros textuais, iconográficos ou materiais. Além disso, o trabalho com documentos permite ao professor e ao aluno refletirem juntos sobre o ofício do historiador.

1.1 O QUE É UM DOCUMENTO HISTÓRICO?

Para os historiadores do século XIX e início do XX o conhecimento histórico era possível a partir da análise das fontes históricas preservadas, que, para eles, restringiam-se quase exclusivamente aos documentos escritos.

Para essa historiografia tradicional, a história era vista como algo do passado e uma das preocupações maiores do historiador era a de verificar a autenticidade do documento, como se o documento, sendo autêntico, pudesse guiar o historiador na busca da verdade histórica.

De acordo com a visão tradicional ou positivista, o papel do historiador era o de selecionar documentos autênticos, de forma objetiva e isenta de juízos de valor, por meio de um método que primasse pela observação, em detrimento da análise ou da interpretação.

Para além dessa visão da historiografia tradicional de que o conhecimento histórico é dado a partir da análise de fontes escritas autênticas, do passado, e de que o papel do historiador é o de selecionador de documentos de forma objetiva e isenta, surge na primeira metade do século XX, na França, uma nova concepção sobre a História. Essa nova concepção foi difundida pelas pesquisas, pelos estudos e pelos debates da Escola dos Annales.

A Escola dos Annales nunca constituiu uma verdadeira escola, mas sim um movimento intelectual e acadêmico de historiadores que, em torno da *Revista dos Annales*, fundada em 1929 por Marc Bloch e Lucien Febvre, criticavam o modelo tradicional da historiografia ligada à narrativa do acontecimento geralmente de caráter político, militar e oficial.

Durante o século XX, os historiadores da Escola dos Annales, ou Nova História, renovaram os temas, os objetos, as abordagens, a metodologia do fazer do historiador e principalmente a visão do que seria um documento ou fonte histórica.

Seguindo os anseios e objetivos de Marc Bloch, os historiadores da Nova História rejeitam o estudo da história presa ao passado; para eles a história necessária é aquela resgatada a partir de problemas e demandas do presente.

Além disso, outra grande diferença da historiografia tradicional é o caráter interdisciplinar do conhecimento e da pesquisa histórica com outras ciências como a Arqueologia, a Economia, a Literatura, a Religião, entre outras.

Para a Escola dos Annales e, consequentemente, a Nova História o conceito de documento se ampliou, evidenciando que ele não pode ser visto dissociado da ação humana, sendo dela a sua expressão.

Portanto, não se trata de pensarmos o documento histórico somente como fonte escrita, mas de considerar que ele pode se apresentar de várias outras formas além do texto escrito, como a iconografia, os objetos materiais, entre tantas outras que serão apresentadas nos demais capítulos deste volume.

Nova História: expressão com a qual passou a ser denominada a proposta da Escola dos Annales, que influenciou historiadores de várias partes do mundo. Ela consta da trilogia, editada em 1974, *História: Novos Problemas, História: Novas Abordagens e História: Novos Objetos* – obra coletiva coordenada por Le Goff e Nora, na qual foram apresentados pesquisas e debates.

Historiadores: entre eles estão Fernand Braudel, Jacques Le Goff, Pierre Nora, Philippe Aries, Georges Duby, Marc Ferro e Roger Chartier.

Iconografia: forma de linguagem que agrega imagens a determinados temas, possibilitando o seu entendimento pelo significado do universo retratado.

1.2 INTENÇÕES DO (E NO) USO DO DOCUMENTO HISTÓRICO

O documento histórico é, antes de tudo,

> [...] o resultado de uma montagem, consciente ou inconsciente da história, da época, da sociedade que o produziram, mas também das épocas sucessivas durante as quais continuou a viver talvez esquecido, durante as quais continuou a ser manipulado, ainda que pelo silêncio. (LE GOFF, 2003, p. 538)

Grande expoente da Escola dos Annales, Jacques Le Goff, nesse trecho, nos apresenta uma importante questão sobre o documento histórico: sua neutralidade.

Talvez mais difícil de detectar do que a autenticidade, a neutralidade do documento histórico está sempre comprometida: em sua origem quando o documento foi produzido por um agente ou processo histórico, de uma determinada sociedade, cultura, grupo social detentor de uma visão de mundo; por sua preservação e mesmo legitimação como instrumento que ilumina o conhecimento da história e, por fim, também está comprometida quando verificamos que existe a intencionalidade e a intervenção do historiador ao escolher, ignorar ou mesmo evitar trabalhar com determinado documento em um processo de pesquisa histórica.

Assim como o documento reflete as opções feitas pelos historiadores, a sua utilização em sala de aula, pelo professor, reflete a intencionalidade e o caráter não neutro de sua ação pedagógica. Como não somos agentes sociais neutros, ao escolhermos um determinado documento expressamos, muitas vezes de forma subjetiva e inconsciente, o desejo por desenvolver esse ou aquele assunto, ou mesmo um determinado ponto de vista, e de forma explícita, o objetivo de levar o aluno a exercitar o papel de pesquisador e a necessidade de integrar ensino e pesquisa.

Sendo assim, fica evidente a necessidade de superarmos a visão de que o documento fala por si, uma vez que ele está imerso em intencionalidades, cabe-nos, ao trabalhar com ele, direcionar nosso olhar às perguntas que gostaríamos que fossem respondidas.

No trabalho com documentos históricos, é imprescindível que fique evidente para o aluno que o documento expressa um ponto de vista e não a verdade sobre um período histórico ou uma sociedade.

Para exemplificarmos um dos casos clássicos de utilização de documento histórico que prima por um ponto de vista, apresentamos a seguir um trecho de uma fonte largamente utilizada por nós, professores de História, como uma das evidências do caráter bélico da educação espartana:

(PLUTARCO, A VIDA DE LICURGO)

"Chamam-se irenes aqueles que saíram há um ano da categoria dos paides (Crianças. Mas para os gregos, era-se paides até a puberdade, em geral 18 anos), e mellineres os mais velhos dos paides. Este irene, que tem vinte anos, comanda seus subordinados nos exercícios militares e, no quartel, encarrega-os das tarefas domésticas, nas refeições. Manda os mais fortes trazerem lenha e, os menores, legumes. Para tanto, eles devem roubar. Uns penetram nos jardins, outros nos alojamentos dos homens, e devem usar muita destreza e precaução: quem for apanhado, é chicoteado sob pretexto de que não passa de um ladrão preguiçoso e inábil. Eles roubam toda a comida possível e adquirem prática para ludibriar quem dorme ou os guardas preguiçosos. Aquele que for apanhado está sujeito a chicotadas e jejum. Com efeito, sua alimentação é escassa. Obrigam-nos a defenderem-se por si mesmos contra as restrições e recorrer à audácia e à destreza...

As crianças tomam tanto cuidado em não ser apanhadas quando roubam, que uma delas, conforme se conta, depois de roubar uma raposa que tinha enrolado no seu agasalho, se deixou arrancar o ventre pela fera que lhe cravou os dentes e as garras. Para não ser descoberta, resistiu até a morte. Esta estória não é de estranhar se se considera os efebos atuais. Muitos, no altar de Ortia, deixam-se chicotear até morrer. Eu pude vê-los. Após a refeição, o irene, ainda na mesa, mandava uma das crianças cantar. À outra fazia uma pergunta cuja resposta exigia reflexão, por exemplo: "Qual o melhor cidadão?" ou "Qual o mérito da conduta deste ou daquele?" Assim, eles eram treinados para apreciar o valor e interessar-se pela vida da cidade desde a meninice. Se a criança a que se perguntava quem era um bom cidadão ou quem era indigno de estima não sabia responder, via-se aí índice de uma alma lerda e pouco ciosa de valor. Além disso, a resposta devia conter sua razão e sua justificativa, condensadas numa fórmula breve e concisa. A resposta descabida trazia uma punição. O autor era mordido no polegar pelo irene. Frequentemente, os anciãos e os magistrados estavam presentes para ver o irene punir as crianças e mostrar se o fazia devidamente e como convinha. Não impediam que ele as castigasse. Mas, após a partida das crianças, ele devia explicar se fora demasiado severo no castigo ou, ao contrário, se fora indulgente e brando demais...

PINSKY, Jaime. "100 textos de História Antiga". SP: Contexto, 2000, p.68-69.

É interessante observarmos que grande parte das informações de que dispomos para evidenciar as diferenças existentes entre as cidades-Estado Atenas e Esparta nos períodos Arcaico e Clássico são baseadas no documento apresentado aqui.

Aspecto que foge a muitos professores e autores de livros didáticos é que embora o documento acima seja autêntico – ele realmente foi escrito por Plutarco, filósofo e importante biógrafo grego que viveu entre os anos de 46 a 142 d. C. – saber de sua autenticidade não é o suficiente para se avaliar a importância do documento. O excerto faz parte da biografia de Licurgo, legislador lendário da cidade de Esparta que supostamente – lembrem-se, ele é lendário – teria vivido cerca de 700 anos antes do escritor.

Ao trabalhar com um documento como esse, cumpre ao professor ir além de tentar ilustrar o período ou povo com as informações da fonte. É necessário que se tenha, no mínino, uma postura de desconfiança epistemológica e questionar o porquê de esse registro ter sido escolhido ao longo da história e ser, ainda no presente, considerado apropriado para retratar a realidade histórica do período estudado e também da memória que se criou *a posteriori*.

Nesse sentido o documento histórico se insere no campo dialético, pois sozinho ele não explica um período. Ele defronta-se com a ação de homens e mulheres reais que viveram esse período e que deixaram sua marca, explicitaram seus desejos e aspirações e de outros que se debruçaram no passado e produziram memórias, explicações, enfim, escrevam a História de um povo ou período. A História se abre como um imenso campo de possibilidades, demonstrando que o processo histórico não é linear, mas congrega múltiplas temporalidades.

No trabalho com documentos devemos estar atentos a essas possibilidades, considerando o nosso objetivo ao utilizar o documento em sala de aula e como esse instrumento pode se tornar um aliado do aluno no seu processo de aprendizagem.

1.3 POR QUE UTILIZAR O DOCUMENTO HISTÓRICO EM SALA DE AULA?

São muitos e diferentes os porquês de se utilizar o documento histórico no trabalho com nossos alunos. Para muitos de nós, o trabalho com documentos proporciona uma espécie de aproximação do aluno e do professor ao ofício do historiador. É como se, por apropriação de alguns procedimentos, os alunos se aproximassem do fazer do historiador e, por consequência, do saber histórico. Para outros, o documento serve como ilustração ou complementação de conteúdos a serem abordados tornando-se exemplo elucidativo do período estudado.

A motivação principal sempre será a ideia de que o conhecimento da história vivida pelos seres humanos não chega até o presente por revelação, ela é, antes de tudo, uma história da Humanidade e de sociedades construída por outros seres humanos em outras sociedades e temporalidades diferentes, e essa construção se dá a partir de documentos – concebidos e propostos da forma mais ampla possível.

Além do exposto acima, há que se considerar também que existe a possibilidade de, no processo de construção da noção de documento, proporcionar aos educandos a experiência deles próprios estarem imersos em uma historicidade, ou seja, que eles percebam que também fazem parte da história e que se constituem como sujeitos e agentes históricos.

> Historicidade: significado que remete à escrita da própria história pelo sujeito.

Como a ação humana foi e é determinante para os rumos da história, o trabalho com documentos possibilita o confronto entre o que os documentos apresentam e outros aspectos de determinada sociedade: aspectos sociais, políticos, econômicos, nesse sentido, a História se abre como campo de múltiplas possibilidades. É da observação dessa relação que pretendemos que o aluno monte o quadro social de uma determinada sociedade. Sendo assim, o documento histórico em sala de aula permite novas leituras sob o olhar atento do seu interlocutor, nesse caso, o aluno.

As formas como nós, professores, podemos utilizar o documento em sala de aula, traz um característico hibridismo da prática docente, que, diferentemente da produção historiográfica, pode caminhar pelas diversas tendências e abordagens sem correr o risco de incoerência metodológica.

Embora seja importante saber que teoria ilumina nossas práticas e concepções de História e de Educação, podemos, dependendo do conteúdo, tema, faixa etária dos alunos, objetivos da comunidade escolar, proposta pedagógica da escola ou rede de ensino e tantas outras variáveis, utilizar o documento em sala de aula de modos diferentes.

A partir das sugestões seguintes, queremos mostrar que não só há formas diferentes de usar os documentos, como também formas de resgatar as discussões anteriores sobre a abrangência do conceito de documento histórico. Lembramos que ao apresentar o documento histórico ao aluno, o objetivo principal não é torná-lo um historiador, mas abrir a possibilidade de ele ter contato com um dos materiais de trabalho do historiador, além do contato com documentos que são representativos de uma determinada sociedade ou período da história.

Existem observações que devem ser feitas de antemão ao aluno, chamando sua atenção para certos cuidados a serem adotados na leitura do documento histórico, por exemplo, escrito. É preciso que o aluno identifique, além das informações básicas do texto (data de produção, autor, local), o tipo de texto produzido (se descrição, narração, dissertação) e a intencionalidade do autor ao produzir esse documento – a forma como ele apresenta o seu texto (problematizou, questionou, narrou, descreveu, argumentou).

Essas informações são importantes, pois familiarizam o leitor, nosso aluno, com o próprio documento, muitas vezes o tipo de linguagem presente pode gerar uma dificuldade instransponível ao seu entendimento.

Depois de familiarizado com o tipo de texto, com a forma da escrita e identificadas as informações iniciais do material, podemos iniciar o trabalho propriamente dito com o documento histórico. É importante lembrar que esse procedimento se aplica não somente ao texto escrito, mas aos demais tipos de documentos históricos: imagens, objetos etc. e que instiga o aluno a buscar as informações mais gerais antes de partir para a leitura do material proposto.

1.4 TRABALHANDO COM DOCUMENTOS HISTÓRICOS

Apresentamos algumas possibilidades e formas de utilizar documentos históricos em sala de aula, tendo como objetivo aproximar o aluno desse tipo de linguagem, com sua função e com o que esse documento pode revelar de uma sociedade, de uma temporalidade e do processo de construção do conhecimento.

1.5 SEQUÊNCIA DIDÁTICA: USOS E FUNÇÕES DO DOCUMENTO HISTÓRICO

a. Atividade: reconhecer e ampliar a noção de documento histórico

b. Objetivo: possibilitar o reconhecimento, pelo aluno, da noção de documento histórico, levando-o ao questionamento dos usos e funções que ele assume em determinadas sociedades e temporalidades. Possibilitar a reflexão

ATENÇÃO

Neste exemplo, utilizamos o documento material como suporte à atividade. O ideal seria termos, em nossas escolas ou em acervos particulares, objetos de outras culturas ou temporalidades para fazermos exercícios de reconhecimento. No entanto, dadas as prováveis dificuldades, podemos utilizar objetos que permanecem em uso em nossa sociedade, e que podem ser encontrados, porém com os quais os alunos não tenham familiaridade.

sobre as conexões temporais (passado/presente) e o papel desse objeto para uma determinada sociedade e grupo no qual se inseria.

c. Desenvolvimento:

Módulo 1: apresentar o documento histórico aos alunos. O educador deve escolher quais os documentos que pretende trabalhar com os alunos. Aqui optamos por nosso velho conhecido MIMEÓGRAFO, considerando que, apesar das novas tecnologias, ainda é possível encontrar esse equipamento nas escolas. Poderíamos também utilizar máquina de escrever ou, até mesmo, abotoaduras.

Módulo 2: 1 – leve o objeto para a sala de aula e coloque-o em um espaço central, onde todos possam vê-lo e tocá-lo com facilidade. Passamos, nessa etapa, ao processo de indução, solicitando que os alunos "experimentem" o objeto por meio dos sentidos (visão, tato, audição e olfato). A partir desse momento, podemos caminhar para o processo de produção de um conhecimento que desejamos que se torne conceitual, generalizador e problematizador.

Módulo 3: a partir do documento material ali presente, perguntamos aos alunos sobre seu conhecimento do objeto (se já o viram anteriormente, se sabem para que é utilizado, se conhecem o seu funcionamento, se sabem como usá-lo). Questione sobre a constituição do material (se foi feito à mão ou industrializado, se foram necessárias muitas pessoas para produzi-lo ou apenas uma, se foi produzido há muito tempo ou recentemente). Essa etapa requer a observação e a interação constante do aluno com o objeto, estimule esse momento até que o aluno complete seus questionamentos. Também é importante perceber se algum aluno ou grupo sabia para que servia o objeto, como tomou conhecimento (fazendo uso? vendo alguém utilizar? onde e por quem viu sendo usado?)

Módulo 4: construa um quadro coletivo sobre a análise do documento juntamente com os alunos. Para tanto, utilize as respostas mais recorrentes aos questionamentos feitos anteriormente. Esse quadro será importante para que se trabalhe a conexão temporal entre os levantamentos dos alunos e os contextos de produção e utilização do objeto. Nessa etapa, é importante que o professor proponha questionamentos sobre a superação ou não da utilização desse objeto, de sua função, as dificuldades e facilidades de seu

---

ATENÇÃO

Se preferir, você pode solicitar por escrito aos alunos, individualmente ou em grupo, que respondam a algumas questões. Sempre com o espírito de levá-los tanto à descrição, como à inferência das realidades que envolveram a produção desse documento. Ao optar pela produção escrita, deve-se solicitar que compartilhem suas inferências com a sala.

Quadro coletivo: também conhecido como brainstorm ou "chuva de ideias", a construção coletiva de uma matriz de pensamento possibilita o compartilhamento de conhecimentos. Na construção desse quadro pode-se suprimir ideias e incluir novas até se chegar a um painel consensuado, de forma coletiva, no qual todos opinaram sobre as ideias pertinentes ou não.

uso. Nesse caso específico, pode-se traçar um paralelo temporal com as novas tecnologias e sua abrangência.

d) Avaliação: devem ser identificadas as dificuldades encontradas pelos alunos ao trabalhar com esse tipo de documento – um documento com o qual eles não têm familiaridade (o motivo das dificuldades encontradas, se interferiu ou não a distância desse objeto da realidade do aluno, os motivos do estranhamento). É importante que o professor faça o fechamento da discussão referente a esse objeto. Deve-se considerar, principalmente, o caráter demonstrativo da análise de um documento histórico (o como se faz) e suas conectividades temporais. Apresenta-se nesse momento, o contexto de produção desse documento, seus usos e funções, levando os alunos a confirmarem ou não suas respostas, com base no quadro coletivo de questionamentos, feito anteriormente.

Nota: como proposta metodológica, o professor pode optar, por trabalhar simultaneamente com um documento que seja familiar ao aluno, assim, ele aplicará os mesmos questionamentos feitos ao objeto "distante". Dessa forma, possibilita-se que o aluno reflita sobre a comparação entre documentos que pertençam a diferentes temporalidades, permitindo o exercício de objetivação à descrição do documento.

1.6 SEQUÊNCIA DIDÁTICA: DIFERENTES LEITURAS SOBRE O MESMO TEMA

a. Atividade: outras visões sobre a escravidão.

b. Objetivo: propiciar ao aluno contato com documentos escritos e materiais iconográficos que tratem do tema "escravidão humana" em diferentes sociedades e temporalidades, permitindo que o aluno identifique continuidades, semelhanças e distinções sobre a escravidão na História, buscando romper com estereótipos e visões pré-concebidas sobre a questão.

c. Desenvolvimento:

Módulo 1: apresente aos alunos diversos documentos consagrados que abordam a temática da escravidão na História: *O código de Hamurabi* ("artigos" 117, 118, 119, 175 e 176); trechos do livro do Êxodo, do *Velho Testamento*; trechos do livro *Política*, de Aristóteles; trechos de *Cultura e opulência do Brasil*, do jesuíta Antonil; além de reproduções dos quadros de Debret e Rugendas. Esses documentos devem estar numerados para facilitar a sua identificação no trabalho posterior. Eles devem ressaltar: a existência da escravidão em diferentes sociedades e tempos históricos; os diferentes tipos de escravidão: por dívida, guerra, nascimento e a escravidão africana moderna; as diferentes condições de vida e existência dos sujeitos escravizados nas diversas sociedades (importância social, econômica, possibilidades de ascensão ou mobilidade social).

Nota: é importante selecionar e adaptar textos que abordem a temática "escravidão" em diferentes temporalidades e que, de antemão, já esteja claro, para o professor, qual aspecto da escravidão ele deseja ressaltar. Pode-se também trabalhar com cartões postais e notícias de jornais que abordem as fugas, a venda e aluguel de escravos no Brasil no final do século XIX.

Módulo 2: exponha aos alunos as referências de onde retirou os trechos dos documentos com os quais está trabalhando (livro, revista, *web*). Se possível, leve os livros e/ou revistas que utilizou para a sala de aula, e permita que os alunos folheiem. Explique em que contexto e com qual objetivo foram produzidos tais documentos, faça uma primeira leitura em voz alta dos textos escritos com as versões utilizadas em sala.

Módulo 3: organize os alunos em grupos com quatro ou cinco componentes, no máximo. Distribua os documentos e um roteiro simples de análise preliminar desses documentos, que contenha: a) título, autor, data provável em que foi produzido, sociedade na qual o documento foi produzido, b) caracterização – se é um documento escrito ou imagem, que tipo de documento (legislação, obra de arte, objeto de uso quotidiano, notícia de jornal, fotografia...). Peça que eles refaçam a leitura dos documentos, observando o roteiro. O professor deve assessorar os grupos na leitura e interpretação dos documentos, possibilitando uma dinâmica em que todos os membros dos grupos possam lê-los e discuti-los.

Módulo 4: solicite aos grupos que montem uma ficha para cada documento contendo os elementos básicos anotados a partir do roteiro e uma síntese das ideias principais ou descrição do documento, produzindo pequenos textos comparativos sobre a visão expressa neles sobre a escravidão. Após a montagem das fichas, organize uma discussão geral, com todos os grupos, das impressões sobre os textos lidos e imagens analisadas. Nesse momento, devem ser levantadas as dúvidas quanto à natureza dos documentos.

Módulo 5: os grupos revisarão seus textos a partir da discussão coletiva e escolherão uma determinada questão sobre o assunto. Depois, apresentarão as diferenças e semelhanças da escravidão nas distintas sociedades e temporalidades. Em seguida, cada grupo deve apresentar o papel que o escravo desempenhava na sociedade, as possibilidades de mobilidade social, os tipos de atividades econômicas com os quais se ocupava, as condições de vida a que era submetido, os possíveis tipos de resistência e luta contra a escravidão que aparecem nos documentos, entre outros aspectos que julgarem necessário ou interessante abordar.

Módulo 6: proponha a leitura do texto de cada grupo aos demais colegas. Apresente para a sala referências sobre a escravidão na atualidade, inclusive trazendo reportagens de jornais que tratem da questão. Estimule a discussão sobre as aproximações e distanciamentos entre os fatos abordados pelos documentos com os quais eles trabalharam e a escravidão na atualidade. Com base na análise comparativa sobre a escravidão, os alunos devem construir fichas individuais sobre a temática, sistematizando as informações colhidas nos documentos e discutidas coletivamente.

d. Avaliação: é importante que os alunos façam uma avaliação do trabalho com os documentos, apontando os aspectos positivos e negativos de se fazer uma atividade comparativa, de temática apresentada em diferentes temporalidades. O professor deve também apresentar uma avaliação sobre a produção dos grupos, enfatizando principalmente a forma como formamos os conceitos, explicitando os sensos comuns, para que os alunos percebam como, na leitura desses documentos, os referenciais que eles possuem influenciam em sua compreensão do documento. É importante que percebam que, na consolidação de conceitos, as análises comparativas sempre estiveram presentes, mas que é imprescindível desvendar os mecanismos que levam a pensar determinados conceitos de uma forma ou de outra.

1.7 PARA FINALIZAR

As atividades e exemplos aqui propostos podem ser desenvolvidos em qualquer série do Ensino Fundamental II. No entanto, chamamos a atenção para o fato de o professor ater-se ao repertório do aluno e ao nível de complexidade da atividade, para que esta seja verdadeiramente facilitadora e não dificultadora do seu processo de aprendizagem. Nas séries iniciais, 6º e 7º anos, podem ser priorizadas atividades que envolvam a experimentação do objeto histórico e sua correlação com o tempo presente. Nas séries finais, podem ser explorados os textos escritos com o português clássico. Essa opção baseia-se no fato de o aluno já possuir maior habilidade leitora, facilitando seu trabalho de compreensão. O trabalho com o documento histórico possibilita a transdisciplinaridade, permitindo que o aluno faça correlações de temáticas e conhecimentos.

1.8 SUGESTÕES DE LEITURA

Sugerimos algumas leituras que podem auxiliá-los na conceituação e elucidação de dúvidas quanto ao trabalho com documentos históricos:

BITTENCOURT, C. M. F. **Ensino de história**: fundamentos e métodos. São Paulo: Cortez, 2004.

BRASIL. Ministério da Educação. Secretaria de Educação Fundamental. **Parâmetros curriculares nacionais:** história e geografia. 2. ed. Rio de Janeiro: DP&A, 2000.

CABRINI, C. et al. **Ensino de história:** revisão urgente. São Paulo: EDUC, 2000.

MENDONÇA, P. K. de. **Documentos históricos na sala de aula:** primeiros escritos. Laboratório de História Oral e Imagem, UFF, Rio de Janeiro, n° 1, 1994. Disponível em: <http://www.historia.uff.br/primeirosescritos>. Acesso em 29 jun. 2010.

MICELI, P. Por outras histórias do Brasil. In: PINSKY, J. (Org.). **O ensino de história e a criação do fato**. São Paulo: Contexto, 2006. p. 31–42.

PINSKY, J. **100 textos de história antiga**. São Paulo: Contexto, 2000.

VIEIRA, M. P. et al. **A pesquisa em história**. 5. ed. São Paulo: Ática, 2007.

1.9 REFERÊNCIAS BIBLIOGRÁFICAS

BLOCH, M. **Apologia da história ou o ofício do historiador.** Rio de Janeiro: Jorge Zahar, 2001.

BRASIL. Ministério da Educação. Secretaria de Educação Fundamental. **Parâmetros curriculares nacionais:** história e geografia. 2. ed. Rio de Janeiro: DP&A, 2000.

BURKE, Peter (Org.). **A escrita da história:** novas perspectivas. São Paulo: UNESP, 1992.

FONSECA, S. G. **Caminhos da história ensinada.** São Paulo: Contexto, 2008.

LE GOFF, J. **História e memória.** Campinas: Unicamp, 2003.

LE GOFF, J.; NORA, P. (dir.). **História:** novos problemas. Rio de Janeiro: Livraria Francisco Alves Editora S. A., 1976.

PINSKY, Jaime. **100 textos de história antiga.** São Paulo: Contexto, 2000.

PINSKY, J. (Org.). **O ensino de história e a criação do fato.** São Paulo: Contexto, 2006.

2

História e cinema

O cinema, essa arte que encanta milhares de pessoas, não passa despercebido das reflexões dos historiadores. Também não é ignorado por aqueles que tentam criar mecanismos e estratégias para tornar o processo de aprendizagem mais estimulante.

Vários historiadores e estudiosos da Educação pensam e produzem conhecimento a respeito das possibilidades das relações entre cinema e história. No campo historiográfico, foi Marc Ferro (2010) quem deu maior visibilidade ao assunto. A despeito das desconfianças que os historiadores nutriam em função das possíveis manipulações das imagens, Marc Ferro apresentou o filme como um novo e importante objeto para o estudo do passado.

No caso do ensino de História, as possibilidades de uso do cinema em sala de aula podem ser resumidas em três aspectos: a história **do** cinema, que contribui para situar os filmes estudados em seus tempos e lugares, a história **no** cinema, que reflete sobre como os filmes produzem interpretações a respeito do passado e contribuem para formar conceitos históricos e a história **com** cinema que utiliza os filmes como documentos, como fonte de informações. Cada um deles refere-se a um tipo de abordagem diferente. Vejamos um pouco mais sobre cada um.

2.1 HISTÓRIAS DO CINEMA

Muitas são as histórias do cinema. Talvez, devêssemos dizer "dos cinemas". E a maioria delas é constituída pelas histórias dos movimentos cinematográficos dos diferentes países com foco no desenvolvimento e na consolidação de uma linguagem cinematográfica.

Vejamos aqui uma pequenina parte dessa grande história. Conhecê-la é importante para situar o cinema, tanto em períodos históricos específicos, que o professor possa estar estudando com os alunos, quanto para a análise, seja do filme como documento, seja do cinema atual, para compreendê-lo.

Em fins do século XIX e início do XX, o cinema, desenvolvido a partir do encadeamento de fotografias, apresentava-se como registros de cenas cotidianas, de lugares distantes e curiosos, de eventos e hábitos sociais, tendendo ora ao entretenimento, ora ao registro documental.

As primeiras cenas do cinema foram exibidas publicamente em 28 de dezembro de 1895 em um café, em Paris. No auge da modernização, possibilitada pela Revolução Industrial, a Europa experimentava novidades que projetavam sensibilidades. Antoine Lumière apresentou, a uma pequena plateia pagante, o invento de seus dois filhos Louis e Auguste: pequenos filmes com cenas cotidianas de operários saindo de uma fábrica, um homem andando a cavalo, um bebê tomando banho e a emblemática imagem de um trem chegando a uma estação, o qual assustou os espectadores. Um espanto talvez semelhante ao causado pelas experiências em 3D.

Mas, das primeiras curtas imagens tomadas de atividades cotidianas até o complexo aparato criado em torno de um filme, muitas águas rolaram. Atualmente, um filme é muito mais do que rápidos registros em quadros estáticos. Um filme tem uma narrativa, personagens, suspense, ação, conflitos, efeitos visuais e sonoros etc.

Os filmes norte-americanos ainda hoje inundam as telas de cinema e atraem milhares de apaixonados. Muitos desses filmes geram fãs de todas as idades. Mas, como esses filmes conseguem ser tão cativantes? Por trás deles existe uma trajetória de construção de modos de fazer que se consolidou na chamada "narrativa clássica", ou seja, um determinado jeito de contar histórias, usado principalmente pelos filmes produzidos nos Estados Unidos.

Esse modo de contar histórias teve, como pontapé inicial, o polêmico *Nascimento de uma nação*, de David Wark Griffith (1915), o qual narra a Guerra de Secessão transformando os sulistas em vítimas, com personagens negras representadas por brancos pintados de preto e fazendo quase apologia à Ku Klux Klan. Esse filme, que marca um "nascimento" controverso, contribuiu para a indústria cinematográfica norte-americana, posteriormente exportadora de filmes e, junto a eles, a ideologia do *american way of life*. Em vários momentos históricos, os filmes foram armas ideológicas muito poderosas.

Mas, não apenas os norte-americanos utilizaram o cinema para difundir ideias. Do outro lado do mundo, cineastas russos desenvolveram experiências importantes com a tecnologia de imagens em movimento. Além das experiências importantes em termos de montagem, ou seja, a maneira como as imagens são "costuradas", o cinema, na ex-União Soviética, passou a ser usado também em função da ideologia do Estado comunista. Serguei Eisenstein imprimirá, em *Greve* (1924), *O encouraçado Potemkin* (1925) e *Outubro* (1928), as ideias do regime que pretendia divulgar, além das marcas do momento histórico e político que vivenciou.

O cinema utilizado como propaganda foi altamente difundido na Alemanha Nazista. Os pequenos filmes eram utilizados para educar o povo, para incutir ideias preconceituosas sobre os judeus e para difundir ideias da superioridade ariana.

A História do cinema, associada ao contexto social de cada período, pode ser bastante instigante no ensino de História. Além dos exemplos citados, do cinema hegemônico norte-americano, do cinema russo e dos usos do filme como propaganda na Alemanha nazista, em vários outros momentos históricos o cinema foi uma arte expressiva das problemáticas da sociedade.

Os horrores da Primeira Guerra Mundial, o pessimismo e as destruições causadas, por exemplo, criaram o ambiente para o surgimento do "expressionismo alemão" nas décadas de 1920 e 1930, na Alemanha. Desse período, são os famosos *O Gabinete do Dr. Caligari*, de Robert Wiene (1920); *Nosferatu, uma sinfonia de*

Ku Klux Klan: organização racista norte-americana, atuante no final do século XIX e meados do XX, criada com o intuito de aterrorizar os negros para impedir a sua integração social e defender uma suposta superioridade branca.

American way of life: Expressão que significa "estilo de vida americano". Designa uma série de valores e padrões divulgados em diversos países a partir de produtos norte-americanos.

Serguei Eisenstein: cineasta russo, nascido em 1898 e morto em 1948, que dirigiu uma série de filmes importantes para o desenvolvimento da linguagem cinematográfica em relação à montagem. Foi também autor dos livros **O sentido do filme** (1942) e **A forma do filme** (1929) *horrores*, de Friedrich W. Murnau (1922), e o significativo *Metropolis*, de Fritz Lang (1927).

Nos Estados Unidos, nessa mesma época, consolidam-se os grandes estúdios que exportavam, junto com muitas mercadorias, os filmes. Foi nesse contexto que surgiram as produções de Charles Chaplin, última grande resistência do cinema silencioso. Carlitos, personagem que se confunde com o cineasta e ator, se envolve em desventuras e confusões que, ao mesmo tempo, denunciam os problemas sociais que a sociedade norte-americana atravessava e levava multidões ao riso e ao choro. Foram muitas produções, mas o *Garoto* (1921) e *Em busca do ouro* (1925) são os grandes filmes dessa fase do diretor. Chaplin resistiu, até onde pôde, à incorporação do som às imagens em movimentos. Até então, o cinema era *apenas* imagens em movimento, sem som. Foi somente com *O grande ditador*, de 1940, que Chaplin aderiu à junção das imagens e sons. Esse foi, aliás, um filme de vanguarda, que chama a atenção para as ações de Hitler ainda pouco notadas ao redor do mundo.

O grande ditador (Charles Chaplin, 1940)

O grande ditador, produzido em 1940, foi o primeiro longa-metragem totalmente sonorizado de Charles Chaplin. No filme, Chaplin interpreta dois papéis: o de um barbeiro judeu que, após um acidente no final da Primeira Guerra, perde a memória, e o do ditador de Tomásia, Adenoyd Hinkel. O filme é uma paródia aos acontecimentos europeus envolvendo Adolf Hitler, a ascensão nazista e Mussolini. O Barbeiro volta à sua barbearia em plena vigência da perseguição aos judeus e dos desejos beligerantes e expansionistas de Hinkel. Após uma grande confusão, o barbeiro sósia do ditador, é confundido e levado a proferir um discurso para uma multidão na recém-conquistada Osterlich (alusão à anexação da Áustria, feita em 1938). O filme terá uma grande repercussão em todo o mundo, e é considerado, por muitos, a obra-prima de Charles Chaplin.

Frank Capra: (1898-1991) cineasta que viveu grande parte de sua vida nos Estados Unidos apesar de ter nascido na Sicília. Dirigiu um grande número de filmes.

Nos Estados Unidos, embora a crise econômica de 1929 tenha sido sentida em todos os setores, com quatro dos oito grandes estúdios fechados, a indústria cinematográfica se manteve em ascensão. No período entre a depressão e a participação dos Estados Unidos na Segunda Grande Guerra, além de Chaplin, Frank Capra foi o grande diretor de filmes com mensagens otimistas em tempos não muito favoráveis como *Do mundo nada se leva* (1938). Outro filme significativo do período é *Como era verde o meu vale* (1941) de John Ford.

John Ford: (1895-1973) cineasta norte-americano que ficou muito conhecido por seus filmes de faroeste.

Destruída pela guerra e pelo fascismo, a Itália enfrentou o pós-guerra com dificuldades econômicas e sociais. Contrariando esse quadro de dificuldades, um grupo de jovens cineastas fez nascer um novo cinema na Itália. Esse grupo, guiando-se por questões sociais ligadas às rudezas da realidade social italiana, passou a fazer um tipo de cinema com características de documentário: montados em cenários reais (ruas, fábricas, moradias), utilizando parcos recursos financeiros e técnicos, narrando histórias simples, com atores não profissionais. Os filmes de diretores como Roberto Rosselini *Roma: cidade aberta* (1945) e *Ladrões de bicicleta* (1948) são grandes exemplos do Neorrealismo Italiano.

Há inúmeros outros exemplos de movimentos cinematográficos que podem ser levados para sala de aula como forma de ajudar o aluno a compreender a sociedade e a época que os produziram. Vejamos, agora, outra forma de utilizar o cinema no ensino de História.

2.2 HISTÓRIA NO CINEMA: NARRATIVAS AUDIOVISUAIS

Todos os filmes são, de alguma forma, históricos, pois nos dizem sobre a época em que foram produzidos. Dessa maneira, um filme realizado na década de 1930 pode ser histórico se usado como documento para estudar a década de 1930, mesmo que não trate de um tema do seu passado. Mas um filme que trata de um tema do seu passado carrega um "duplo" caráter histórico, pois, além de remeter-se à história na sua temática, também pode ser usado como documento de sua época.

A temática histórica aparece de maneira constante nas cinematografias mundiais desde as suas origens. E, nesse sentido, apresenta ainda mais interesse no ensino de História, uma vez que apresenta temáticas que se relacionam diretamente com o conteúdo trabalhado em aulas.

No Brasil, muitos cineastas escolheram o passado como tema ou pano de fundo para as suas narrativas cinematográficas. Desde as primeiras décadas do século XX, há notícias de filmes (perdidos) que sugerem temáticas históricas: como *Tiradentes/O mártir da liberdade*, de Paulo Aliano (1917); *Grito do Ipiranga/Independência ou morte*, de Lambertini (1917); *Heróis brasileiros na Guerra do Paraguai*, de Lambertini (1917).

No período de Getúlio Vargas, nas décadas de 1930 e 1940, houve muitos incentivos para a realização de filmes educativos e, dentre eles, estão os filmes de Humberto Mauro, produzidos pelo Instituto Nacional de Cinema Educativo (Ince), como *O descobrimento do Brasil* (1937) e *Os bandeirantes* (1940). Na década de 1950, os filmes com temáticas históricas também aparecem sugeridos em discussões sobre o nacional e o popular do cinema brasileiro.

> *No Cinema Novo, a temática história é recorrente, mas de forma diferente da tradicional. Quando os diretores da estética cinemanovista recorrem à história do Brasil, fazem-no de forma a associar diretamente a história passada ao momento presente, como é o caso de "Os inconfidentes" (Joaquim Pedro, 1972). Os filmes do Cinema Novo, em geral, são carregados de significados políticos da sua atualidade, e caracterizam-se principalmente pela contestação do regime vigente. Contestam o regime político, contestam posturas ideológicas, formas culturais e, principalmente, contestam uma forma cinematográfica tradicional, a estética naturalista, importada de Hollywood. Ao tratar de temas "históricos", adotam essa mesma postura de contestação.* (FONSECA, 2002, p. 21)

A partir da década de 1970, com a crescente intervenção do Estado na produção audiovisual, foram produzidos alguns filmes históricos. Exemplos são *Independência ou morte*, de Carlos Coimbra (1972); *O mártir da Independência* e *Tiradentes*, de Geraldo Vietri (1977); *Coronel Delmiro Gouveia*, de Geraldo Sarno (1978) e *Os inconfidentes*, de Joaquim Pedro de Andrade (1972).

Na década de 1980 os documentários foram predominantes no tratamento de temáticas históricas. *Cabra marcado para morrer*, de Eduardo Coutinho (1984); *Guerra do Brasil*, de Sylvio Back (1987) e *Os anos JK – uma trajetória política*, de Silvio Tendler (1980) são alguns exemplos.

Ao longo da história brasileira, o passado foi tema recorrente. Atualmente, há uma série de filmes conhecidos do público que o tematiza. E como trabalhar com esse tipo de filme em sala de aula?

Na análise da história no cinema, ou seja, da maneira como um filme apresenta o passado, é necessário lembrar que ele, assim como o conhecimento histórico, é uma interpretação. Dessa forma, julgar um filme somente por sua reconstituição, ou fidelidade à época retratada, é considerar que ele pode *mostrar* ou *recriar* a verdade do passado. Mas, considerando-o uma interpretação do tema que trata a busca, ou não, de fidelidade histórica no filme, é um dos aspectos a serem analisados para percebermos o seu discurso, e não uma medida de qualidade histórica. Julgar os filmes históricos buscando neles a fidelidade histórica é semelhante a julgar que a história possa revelar a verdade do passado. E esse é um tipo de cobrança que empobrece a análise. O mais interessante é tentar compreender os significados suscitados pelo filme e a interpretação de história que constrói a partir dos elementos da linguagem cinematográfica.

Um filme tem seus próprios mecanismos para construção de ideias. Muitas vezes, por exemplo, uma pequena invenção serve ao propósito de uma análise mais ampla. Alguns filmes, inclusive, propõem abordagens inovadoras e interpretações sobre o passado que podem ser igualadas às interpretações escritas. Um exemplo disso é o filme *Outubro*, de Serguei Einsenstein.

Até aqui, já vimos a História do cinema e a História no cinema. Vejamos agora, outra possibilidade de combinação: a História com cinema.

2.3 HISTÓRIA COM CINEMA: ANÁLISE DE DOCUMENTO

Da mesma forma que a primeira geração da *Escola dos Annales*, o movimento francês que transformou a historiografia contemporânea, tirou o foco do documento escrito, das fontes oficiais e consagradas pela História Tradicional, buscando novas fontes escritas e não escritas como as lendas, o folclore, as formas de pensar o mundo, associando a História a outras ciências, entre elas, a Sociologia e a Antropologia. Marc Ferro (2010) historiador da terceira geração dos Annales, propõe a análise do filme não por uma abordagem semiológica, estética, ou meramente pela história do cinema.

A proposta do historiador francês é que o filme seja concebido como "um produto, uma imagem-objeto" (FERRO, 2010), que o pesquisador o analise integrado à sociedade que o produziu, valendo-se do filme como testemunho. Portanto, o filme ficcional que trata de tema histórico, segundo Ferro, diz mais da sociedade que o produziu, que o consumiu e das abordagens históricas autorizadas em um dado momento do que propriamente do período que quis mostrar.

Segundo o autor, a recusa do historiador em olhar para o filme como documento se dava por diversas razões: a falta de reconhecimento como legítimo socialmente, a não confiabilidade já que era considerado

> *um truque, uma falsificação. O historiador não poderia apoiar-se em documentos desse tipo. Todos sabem que ele trabalha numa caixa de vidro, "eis minhas referências, minhas hipóteses, minhas prova". Não viria ao pensamento de ninguém que a escolha de seus documentos, sua reunião, a ordenação de seus argumentos têm igualmente uma montagem, um truque, uma falsificação.* (FERRO, 2010, p. 29)

Ele propõe ainda que se deva

> *analisar no filme principalmente a narrativa, o cenário, o texto, as relações do filme com o que não é o filme: o autor, a produção, o público, a crítica, o regime. Pode-se assim esperar compreender não somente a obra como também a realidade que representa.* (FERRO, 2010, p. 33)

Assim como o historiador, ao trabalhar com um documento, necessita entender, entre outros elementos, a linguagem desse documento, no trabalho com o cinema, é essencial que o professor tenha um domínio básico da linguagem cinematográfica para poder usufruir junto com os seus alunos o máximo das potencialidades do uso filme em sala de aula.

Quando nos sentamos em uma sala escura de cinema, ou mesmo em nossas casas para assistir a um filme, poucos de nós se dão conta de que por trás daquela narrativa existe uma infinidade de pequenos elementos selecionados de maneira intencional para gerar emoções, sentimentos, sensações que não é aleatória. Analisar criticamente um filme é conseguir desconstruí-lo.

A alfabetização na linguagem cinematográfica, no entanto, é construída a partir de uma cultura visual desenvolvida com a frequente análise de filmes, com o hábito do olhar crítico. Muitos jovens que consomem constantemente imagens em movimento desenvolvem uma sensibilidade para a linguagem "secreta" do cinema.

A partir da sequência didática apresentada neste capítulo será possível compreender um pouco melhor, e analisar criticamente, o papel da linguagem cinematográfica na construção dos significados em um filme.

Nota: o processo de alfabetização em linguagem cinematográfica ocorre a partir da compreensão das ferramentas de expressão utilizadas nos filmes. Isso possibilita leituras mais ricas dos filmes analisados. Chamamos essa linguagem de "secreta", pois não pode ser decodifica tal como, por exemplo, a linguagem escrita e conta com certa sensibilidade do espectador.

2.4 SEQUÊNCIA DIDÁTICA: O CINEMA NAS AULAS DE HISTÓRIA

a. Atividade: a guerra e o nazifascismo pela câmera de Charles Chaplin.

b. Objetivos: apresentar o cinema como expressão artística, técnica e cultural do século XX. Possibilitar aos alunos a experiência de assistência atenta e crítica a uma produção cinematográfica. Desconstruir a ideia de cinema só como entretenimento. Propiciar, aos alunos, a análise do longa-metragem *O grande ditador* como um produto historicamente construído, apresentando o diretor do filme como um sujeito e agente histórico que se posiciona em relação aos processos históricos e políticos de sua época. Por fim, pretende-se, nesta sequência, tratar o filme como fonte documental.

c. Desenvolvimento:

Módulo 1: faça um levantamento entre os alunos sobre a frequência com a qual eles assistem a filmes e qual o gênero de filme que eles mais gostam. Pergunte qual foi a última vez que foram ao cinema, permita que eles contem, comentem suas experiências com a sétima arte.

Para saber quais as expectativas que os alunos têm em relação à exibição de filmes na escola questione qual a experiência deles com o uso do cinema ou do filme nas aulas de História. Ouça atentamente e elenque na lousa as suas respostas, provavelmente eles citarão as formas mais usadas: ilustração de conteúdos, substituição de algum tema mais complexo que o professor tenha tido dificuldade em abordar, levantamento e discussão de problemas disciplinares ou de relacionamento de algumas turmas e até mesmo, "passatempo", ou seja o aluno não percebeu, ou o professor não deixou claro, qual a finalidade do uso do filme naquele momento.

Exponha aos alunos os objetivos do trabalho, enfatize a proposta da utilização do filme como um documento histórico.

Módulo 2: retome as informações que eles têm sobre o papel de Hitler na Segunda Guerra. Faça um levantamento com os alunos das imagens e informações sobre Adolf Hitler. Faça comentários gerais sobre o filme *O grande ditador*

> **ATENÇÃO**
>
> *Se o público-alvo desse trabalho não for frequentador de salas de cinema, em função de questões de várias ordens, substitua esse levantamento pelos últimos títulos assistidos, seja por meio de televisão, DVD, VHS ou web.*

Nota: se a sua escola dispuser de laboratório ou sala de informática, prepare essa aula para ser desenvolvida nesse ambiente, pois você poderá acompanhar e orientar a pesquisa.

e proponha aos alunos uma pesquisa individual que deverá ser colocada no caderno, com a ficha técnica e a sinopse do filme:

Ficha Técnica Ampliada
Titulo Em Português
Diretor Do Filme
País
Ano De Produção
Duração Do Filme
Gênero
Elenco
Principais Indicações E Premiações
Sinopse

Módulo 3: prepare os alunos para assistire ao filme. Solicite a eles que se organizem em grupos com quatro componentes cada. Para que todos os grupos façam uma análise mais abrangente possível, cada grupo será organizado de uma forma que cada um dos quatro componentes tenha um foco específico de atenção ao assistir ao filme. Entregue aos alunos filipetas com orientações e explique detidamente o que deseja que cada aluno de cada grupo faça, antes mesmo de assistir ao filme. Cada grupo, então, será formado pelo componente 1, componente 2, componente 3 e componente 4.

Componente 1: 1º – escreva com suas palavras a história contada no filme. 2º – Em "O grande ditador" Charles Chaplin cria nomes ficcionais (Adenoid Hinkel, Garbitsch, Herring, Benzino Napaloni) para personagens reais e países (Tomânia, Bactéria, Osterlich) pesquise e indique quais são os nomes reais dos personagens mostrados no filme. Você consegue identificar qual é a semelhança ou ironia que Charles Chaplin buscou na criação desses nomes? Exponha.

Componente 2: a história do filme percorre um período de aproximadamente 20 anos. Indique em que ano e evento foi iniciada a narrativa e quando terminou. Exponha quais os recursos que Chaplin utilizou para criar a noção de tempo. Pesquise na web as manchetes dos jornais "Paz", "Dempsey bate Willard!!", "Lindenberg voa Atlântico", "Depressão", "Partido de Hinkel toma o poder". Observe as falas dos personagens quanto à duração e passagem do tempo. A invasão ao país ficcional Osterlich é uma referência a um fato real. Descubra quais foram os fatos reais que o filme procurou abordar.

Componente : observe os seguintes elementos do filme:

Cenários: como foram construídos os cenários? Elenque e descreva os cenários principais: trincheiras na Primeira Guerra; cenários dos discursos; Palácio de Hinkel; Gueto; Osterlich. Você acha que Chaplin se preocupava em dar realismo aos cenários? Explique e exemplifique.

Trilha Sonora: você percebe alguma função da música na trama do filme? Elenque e descreva as passagens em que a trilha sonora foi muito importante.

Narração: o filme tem narração. Qual é o papel do (s) narrador (es) no filme?

Componente 4: pesquise as condições nas quais o filme foi produzido. O que estava acontecendo na época? Quais os objetivos de Chaplin ao fazer o filme? Que tipo de pesquisa ele fez para produzir o filme? Qual a repercussão da produção, na época, em relação ao público? Chaplin recebeu boas críticas pelo filme? Selecione trechos (falas de personagens, narração, legendas ou outros elementos) que apresentem o posicionamento do diretor do filme no período ou eventos que ele tentava representar, comicamente.

Para os Componentes de todos os Grupos: observem os trechos nos quais há referência à democracia e à liberdade. Fiquem atentos como aparecem as referências aos judeus. Exponham qual a explicação que aparece para a perseguição feita a eles.

Módulo 4: embora o filme seja longo (mais de duas horas), a proposta é que os alunos assistam integralmente, sendo posteriormente selecionados trechos para análise. Exiba o filme pausando, caso ache necessário chamar atenção para alguma passagem.

Módulo 5: propicie uma aula para que cada grupo discuta e socialize internamente suas anotações e observações sobre a assistência atenta e a pesquisa extraclasse necessária para completar o solicitado.

Módulo 6: redistribua os alunos agrupando-os pelo que observaram no filme. Assim sendo, teremos quatro grandes grupos. Solicite a eles que exponham, discutam e complementem suas anotações e pesquisas. Proponha aos alunos a organização de painéis com as informações colhidas. Disponibilize espaço para que cada grupo (seguindo a divisão Componentes 1, 2, 3 e 4) apresente suas observações e impressões sobre o filme.

Módulo 7: com a ajuda dos Componentes 4, proponha a discussão do discurso final do barbeiro. Exiba novamente a cena.

DISCURSO FINAL

Sinto muito, mas não pretendo ser um imperador. Não é esse o meu ofício. Não pretendo governar ou conquistar quem quer que seja. Gostaria de ajudar – se possível – judeus, o gentio... negros... brancos.

Todos nós desejamos ajudar uns aos outros. Os seres humanos são assim. Desejamos viver para a felicidade do próximo – não para o seu infortúnio. Por que havemos de odiar e desprezar uns aos outros? Neste mundo, há espaço para todos. A terra, que é boa e rica, pode prover todas as nossas necessidades.

O caminho da vida pode ser o da liberdade e da beleza, porém nos extraviamos. A cobiça envenenou a alma dos homens... levantou no mundo as muralhas do ódio... e tem-nos feito marchar a passo de ganso para a miséria e os morticínios. Criamos a época da velocidade, mas nos sentimos enclausurados dentro dela. A máquina, que produz abundância, tem-nos deixado em penúria. Nossos conhecimentos fizeram-nos céticos; nossa inteligência, empedernidos e cruéis. Pensamos em demasia e sentimos bem pouco. Mais do que de máquinas, precisamos de humanidade. Mais do que de inteligência, precisamos de afeição e doçura. Sem essas virtudes, a vida será de violência e tudo será perdido.

A aviação e o rádio aproximaram-nos muito mais. A própria natureza dessas coisas é um apelo eloquente à bondade do homem... um apelo à fraternidade universal... à união de todos nós. Neste mesmo instante a minha voz chega a milhares de pessoas pelo mundo afora... milhões de desesperados, homens, mulheres, criancinhas... vítimas de um sistema que tortura seres humanos e encarcera inocentes. Aos que me podem ouvir eu digo: "Não desespereis! A desgraça que tem caído sobre nós não é mais do que o produto da cobiça em agonia... da amargura de homens que temem o avanço do progresso humano. Os homens que odeiam desaparecerão, os ditadores sucumbem e o poder que do povo arrebataram há de retornar ao povo. E, assim, enquanto morrem homens, a liberdade nunca perecerá.

Soldados! Não vos entregueis a esses brutais... que vos desprezam... que vos escravizam... que arregimentam as vossas vidas... que ditam os vossos atos, as vossas ideias e os vossos sentimentos! Que vos fazem marchar no mesmo passo, que vos submetem a uma alimentação regrada, que vos tratam como gado humano e que vos utilizam como bucha de canhão! Não sois máquina! Homens é que sois! E com o amor da humanidade em vossas almas! Não odieis! Só odeiam os que não se fazem amar... os que não se fazem amar e os inumanos!

Soldados! Não batalheis pela escravidão! Lutai pela liberdade! No décimo sétimo capítulo de São Lucas está escrito que o Reino de Deus está dentro do homem – não de um só homem ou grupo de homens, mas dos homens todos! Está em vós! Vós, o povo, tendes o poder – o poder de criar máquinas. O poder de criar felicidade! Vós, o povo, tendes o poder de tornar esta vida livre e bela... de fazê-la uma aventura maravilhosa. Portanto – em nome da democracia –, usemos desse poder, unamo-nos todos nós. Lutemos por um mundo novo... um mundo bom que a todos assegure o ensejo de trabalho, que dê futuro à mocidade e segurança à velhice.

É pela promessa de tais coisas que desalmados têm subido ao poder. Mas, só mistificam! Não cumprem o que prometem. Jamais o cumprirão! Os ditadores liberam-se, porém escravizam o povo. Lutemos agora para libertar o mundo, abater as fronteiras nacionais, dar fim à ganância, ao ódio e à prepotência. Lutemos por um mundo de razão, um mundo em que a ciência e o progresso conduzam à ventura de todos nós. Soldados, em nome da democracia, unamo-nos!

Hannah, estás me ouvindo? Onde te encontrares, levanta os olhos! Vês, Hannah? O sol vai rompendo as nuvens que se dispersam! Estamos saindo da treva para a luz! Vamos entrando num mundo novo – um mundo melhor, em que os homens estarão acima da cobiça, do ódio e da brutalidade. Ergue os olhos, Hannah! A alma do homem ganhou asas e afinal começa a voar. Voa para o arco-íris, para a luz da esperança. Ergue os olhos, Hannah! Ergue os olhos!".

Pergunte aos alunos e permita que eles respondam: quando mesmo o filme foi feito? O que está ocorrendo à época? Em que país o filme foi produzido? Chaplin nasceu nesse país? Qual a origem de Charles Chaplin? Qual a posição dos Estados Unidos em relação à guerra em 1940? Quando os Estados Unidos entraram na Segunda Guerra Mundial? Por quê?

Solicite que os alunos, além de prestar atenção nas palavras do barbeiro, observem sua voz, sua fisionomia. Quais sentimentos o barbeiro passa nesse momento: tristeza, resignação, revolta, esperança, desânimo? Vocês percebem alguma mudança entre o barbeiro de todo o filme e o barbeiro do discurso? Qual é a mensagem do discurso? Quem está falando é o personagem ficcional do barbeiro ou o personagem real Charles Chaplin?

d. Avaliação: embora a sequência esteja dividida em sete módulos, cada um deles deve ter um sentido de completude, ou seja ao cabo de cada um, alunos e professor devem ter clareza do que foi feito e apreendido naquela etapa do trabalho. É fundamental que todas as atividades solicitadas de forma individual para cada aluno ou componente (Módulos 2 e 3) sejam avaliadas pelo professor em relação à sua pertinência. A disposição para o trabalho nos grupos (Módulo 5 e 6) e para a discussão coletiva (Módulo 7) deve ser observada, conduzida e dinamizada pelo professor.

Os painéis montados no Módulo 6 a partir da pesquisa (Módulo 3), assistência crítica (Módulo 4) e discussão (Módulo 6) podem ser organizados de forma que outros professores e alunos tenham acesso à produção dos alunos.

O discurso final do filme pode ser usado como mote para uma produção coletiva dos alunos envolvidos com destino à comunidade escolar, a um destinatário ficcional ou real, em que anseios maiores de paz, tolerância, liberdade e justiça sejam desenvolvidos.

2.5 PARA FINALIZAR

O trabalho com o filme na escola pode trazer momentos de muito prazer e conhecimento para alunos e professores. No entanto, é fundamental que o professor tenha assistido previamente ao filme, verificando a adequação da temática aos objetivos da disciplina, ao projeto pedagógico da escola, às expectativas e repertório sociocultural da comunidade e, principalmente, ao desenvolvimento cognitivo e emocional dos alunos. Não podem ser esquecidas também questões de ordem organizacional e estrutural: quantidade de aulas para a exibição de um longa-metragem, disponibilidade do filme na mídia possível de ser reproduzida na escola (VHS, DVD, on line pela web), sala com iluminação apropriada, entre outras providências.

Fizemos a opção de apresentar a proposta de trabalho com o cinema a partir da perspectiva do aluno espectador, no entanto, há outras possibilidades; entre elas, a do aluno como produtor.

2.6 SUGESTÕES DE LEITURA

GOMES, P. E. S. **Cinema:** trajetória no subdesenvolvimento. Rio de Janeiro. Paz e terra: Paz e Terra, 1996.

MAURICIO, D. M. T. **Invenção do possível:** o uso e a produção de filmes nas aulas de História. 2010. 204 f. Dissertação (Mestrado) – Faculdade de Educação, Universidade de São Paulo, São Paulo, 2010.

NAPOLITANO, M. **Como usar o cinema na sala de aula.** São Paulo: Editora Contexto, 2003.

SALIBA, E. T. **A produção do conhecimento histórico e suas relações com a narrativa fílmica.** 2. ed. São Paulo: Fundação para o Desenvolvimento da Educação, 1993. (Série lições com cinema, 3).

SÃO PAULO (Estado). Secretaria da Educação, Fundação para o Desenvolvimento da Educação. **Caderno de cinema do professor:** um. São Paulo: FDE, 2008. Disponível em: <http://culturaecurriculo.fde.sp.gov.br/Administracao/Anexos/Documentos/320090708123630caderno_cinema1_web.pdf>. Acesso em 15 mar.2011

SÃO PAULO (Estado). Secretaria da Educação, Fundação para o Desenvolvimento da Educação. **Caderno de cinema do professor:** dois. São Paulo: FDE, 2009. Disponível em: <http://culturaecurriculo.fde.sp.gov.br/Administracao/Anexos/Documentos/320090708123643caderno_cinema2_web.pdf>. Acesso em 15 mar. 2011.

SÃO PAULO (Estado). Secretaria da Educação, Fundação para o Desenvolvimento da Educação. **Caderno de cinema do professor:** três. São Paulo: FDE, 2009. Disponível em: <http://cultura-ecurriculo.fde.sp.gov.br/Administracao/Anexos/Documentos/320100701185037caderno_cinema3_web.pdf>. Acesso em 15 mar. 2011.

SÃO PAULO (Estado). Secretaria da Educação, Fundação para o

Desenvolvimento da Educação. **Caderno de cinema do professor:** quatro. São Paulo: FDE, 2010. Disponível: <http://culturaecurriculo.fde.sp.gov.br/Administracao/Anexos/Documentos/320100701185051caderno_cinema4_web.pdf>. Acesso em 15 mar. 2011.

XAVIER, Ismail. **O cinema brasileiro moderno**. São Paulo: Paz e Terra, 2001.

2.7 REFERÊNCIAS BIBLIOGRÁFICAS

ARAUJO, I. **Cinema:** o mundo em movimento. São Paulo: Editora Scipione, 1995.

DUARTE, R. **Cinema & educação.** Belo Horizonte: Autêntica, 2006.

FERRO, M. **Cinema e história.** 2 ed. São Paulo: Paz e Terra, 2010.

FOIRET, J; BROCHARD, P. **Os irmãos Lumière e o cinema.** São Paulo: Editora Augustus, 1995.

FONSECA, V. A. **História imaginada no cinema:** análise de Carlota Joaquina, a princesa do Brasil e Independência ou morte. 2002. Dissertação (Mestrado) – Departamento de História, IFCH, Unicamp, 2002.

LE GOFF, J.; NORA, P. (dir.). **História:** novos objetos. 3. ed. Rio de Janeiro: Livraria Francisco Alves Editora S. A., 1976.

NAPOLITANO, M. **Como usar o cinema na sala de aula.** São Paulo: Editora Contexto, 2003.

3

A utilização da fotografia em sala de aula

3.1 O TRABALHO COM FOTOGRAFIA

Assim como o documento escrito, a fotografia pode ser um poderoso aliado na formação dos alunos, tanto por seu caráter ilustrativo – ela pode ser utilizada para ilustrar um determinado período –, como por trabalhar com elementos visuais bastante próximos ao referencial do aluno: a foto é um elemento presente em suas vidas. Todos nós temos algum registro fotográfico de diversos períodos de nossas vidas: infância, reuniões de famílias, registro de viagens, passeios etc.

Muitas vezes, a fotografia é tida como a retratação de uma imagem fixa da realidade, no entanto, assim como o documento escrito e a iconografia, a imagem fotográfica necessita ser interpretada para que seja possível realizar sua leitura, buscando ir além da simples imagem retratada. A fotografia, pela intenção de seu registro, pode ser classificada de diversas formas: ela pode ser jornalística, antropológica, etnográfica, social, arquitetônica, urbana etc.

> **Daguerreótipo:** técnica cujo nome é derivado do sobrenome de Louis Jacques Mandé Daguerre, que popularizou a técnica da reprodução de imagens reais, por meio da simplificação da experiência desenvolvida em 1826, por Nicéphore Niepce. Daguerre simplificou a primeira caixa de imagens, produzida por Niepce, em outra que produzia imagens únicas positivas (legíveis) no daguerreótipo. A técnica de Niepce, conhecida como heliografia, consistia na fixação da paisagem que via, com a ajuda de uma câmara escura, em uma placa de estanho engraxada com a resina dissolvida de uma árvore, placa que ficava exposta ao sol por 8 horas.

> **Ideias fora de lugar:** princípio segundo o qual no Brasil teria se importado conceitos econômicos europeus, gerando o mito da inferioridade brasileira diante de outros povos.

Essas classificações são possíveis porque existem diferentes áreas do conhecimento que utilizam a fotografia como uma possibilidade em seu trabalho. Esse caráter trandisciplinar do registro fotográfico também sinaliza a possibilidade de utilizarmos metodologias diferenciadas, de acordo com os princípios de cada área. Nesse sentido, a fotografia é uma ferramenta importante pelo diálogo que pode propiciar entre as diversas disciplinas, permitindo incursões em outros âmbitos do saber.

Como marco da emergência da fotografia, podemos lembrar o surgimento do daguerreótipo, no início do século XIX, o qual foi visto como uma grande novidade não só porque passou a permitir que uma imagem fosse capturada, mas porque, a partir do desenvolvimento dessa técnica, novos processos asseguraram a reprodutibilidade de uma imagem. A fotografia permitiu conectar tanto sociedades de épocas diferentes, como possibilitou leituras subjetivas de uma mesma sociedade. No Brasil, a fotografia foi inserida por volta de 1840 pelo próprio Imperador D. Pedro II. Esse momento coincide com um período em que a sociedade colonial brasileira passava por diversas transformações, desde aquelas ligadas à ideia de uma modernização física do Império, o que demandou um conjunto de obras urbanísticas, construção de ferrovias, melhoria de portos até a ideia, difundida principalmente pela elite brasileira, de que a modernidade das cidades estava associada à modernização dos hábitos e costumes, segundo um padrão europeu, visto ser esse o modelo almejado por essa elite. É bem verdade que o padrão de modernidade no qual se inspirou nossa elite foi a modernidade europeia, mas não devemos nos fixar na ideia de uma simples importação de modelos porque corremos o risco de trabalharmos com o conceito de ideias fora de lugar.

3.2 CUIDADOS AO TRABALHAR COM FOTOGRAFIAS

É importante considerarmos que qualquer imagem é passível de manipulação, no entanto, entender as intencionalidades de quem a produziu e o contexto de sua produção é fundamental para conseguirmos compreender a imagem em toda a sua dimensão. Aqui, concordamos com os apontamentos de Miriam Moreira Leite, para quem "compreender por que e para que algumas imagens foram construídas altera o conteúdo das imagens e amplia a visão desse conteúdo". (1993, p. 26)

Conforme definiu Boris Kossoy (2002), a fotografia sempre foi utilizada por diferentes correntes ideológicas como instrumento de disseminação de ideias, formando e, consequentemente, manipulando a opinião pública. Principalmente junto às massas, a imagem fotográfica ganhou credibilidade e, utilizada como retratação do real, foi largamente explorada tanto na propaganda política, como na disseminação de valores, conceitos e padrões sociais. Aliás, cabe destacar que a fotografia nasce, no século XIX, vista de forma ambígua como um "espelho do mundo", ou seja, ela retrataria a realidade de maneira fiel.

Na medida em que o senso comum atribui à fotografia o sentido de "retratação do real", cabe a nós professores, fazermos a mediação entre esse conceito e as concepções que nossos alunos possuem sobre as implicações da manipulação da imagem fotográfica. Para analisarmos esse aspecto, é importante compreendermos não só o contexto de produção fotográfica, o cenário, os enquadramentos etc. A imagem fotográfica não deve ser tomada como ponto final de uma análise, mas como ponto de partida para o resgate e montagem de uma informação, na medida em que permite que sejam vistos fragmentos de uma determinada sociedade, enquadrados em uma imagem fixa, representando pessoas, objetos, roupas etc.

No trabalho com fotografias, a imagem não pode ser tomada como retratação fiel de determinados fatos e/ou acontecimentos. A análise pormenorizada da imagem fotográfica permite o acesso aos elementos implícitos nesse retrato. Para tanto é imprescindível que se desvende a imagem que vemos enquadrada. A fotografia pode ser tão ambígua como qualquer documento histórico, pois contempla aspectos explícitos e implícitos de uma determinada cena, portanto,

> *seu potencial informativo poderá ser alcançado na medida em que esses fragmentos forem contextualizados na trama histórica em seus múltiplos desdobramentos (sociais, políticos, econômicos, religiosos, artísticos, culturais enfim) que circunscreveu no tempo e no espaço o ato da tomada de registro.* (KOSSOY, 2002, p.22)

A imagem registrada na fotografia precisa dialogar com outras fontes de pesquisa e ser contextualizada, para que se compreenda a trama na qual ela foi construída, os interesses que a cercam, a ideia que pretende consolidar, a memória que pretende construir. A decifração dessa imagem, por meio do olhar atento, possibilitará que aflore aos olhos do leitor, as relações que se escondem na trama fotográfica. É essa interpretação que buscamos compartilhar com nossos alunos, permitindo que entendam a imagem fotográfica não simplesmente como testemunho pronto e acabado do passado, mas que compreendam a complexa simbologia que essa imagem carrega. Esperamos que, ao analisar fotografias, os alunos percebam a forma como se construiu a imagem e quais as leituras possíveis a partir dela; esperamos que eles, a partir de alguns elementos, consigam "ler nas entrelinhas" da fotografia.

O aspecto citado aqui é extremamente importante se pensarmos na natureza polissêmica da fotografia, imagem que permite múltiplas leituras a partir do olhar de quem a observa. Ao analisarmos uma imagem, partimos de um repertório que já possuímos baseados em nossa condição socioeconômica e nossos filtros culturais, ideológicos e políticos. Nesse sentido, a imagem fotográfica possibilita a articulação de elementos em diferentes épocas e contextos, sendo um campo fértil para o desenvolvimento educativo.

3.3 O PODER DA FOTOGRAFIA

A popularização da fotografia como registro do real disseminou-se a partir dos registros de guerra, ainda no século XIX. A fotografia foi responsável por introduzir no cotidiano das pessoas imagens que consolidariam na sociedade a crueldade do conflito, impossibilitando o seu questionamento, ou seja, a imagem fotográfica ganhou *status* de "real" por meio de sua representação persuasiva e convincente, mas passou também a ser vista como instrumento de denúncia, elemento bastante utilizado pela impressa. Não temos como negar o realismo de imagens como as registradas por Robert Capa, do exato momento em que um combatente antifranquista é atingido por um tiro, em 1936, durante a Guerra Civil Espanhola. Foto que se tornou uma das imagens mais famosas do referido conflito.

Esse caráter persuasivo e convincente da imagem fotográfica foi bastante explorado na propaganda política. Ao mesmo tempo em que a imagem fotográfica foi utilizada para exaltar os feitos políticos do Estado, ela tornou-se um aparato importante para a propagação de ideais políticos e para a construção da imagem pública dos governantes. Como exemplo desses aspectos, podemos citar a relação de Hitler, Mussolini ou mesmo Getulio Vargas com a fotografia, mas a imagem fotográfica serviu como instrumento para a censura política, tanto escondendo imagens contrárias à realidade que se desejava mostrar, evidenciando o jogo ambíguo que a cerca, como retirando de fotografias pessoas consideradas indesejáveis a esses mesmos regimes, como por exemplo, a remoção de Trotsky de fotografias da Antiga URSS, ou mesmo a imagem símbolo da

---

Robert Capa: (1913-1954) considerado um dos mais célebres fotógrafos de guerra, cobriu diversos conflitos ocorridos no século XX. Em 1947, fundou junto com Henri Cartier-Bresson, a Agência Magnun, uma agência cooperativa de fotojornalismo, com sedes em Londres, Tóquio, Paris e Nova York. Robert Capa morreu em 1954, ao pisar em uma mina terrestre, cobrindo a Guerra da Indochina. A foto a que fazemos referência encontra-se disponível em: <http://oseculoprodigioso.blogspot.com/2006/10/capa-robert-fotografia.html>.

Revolução de 1930, que mostra os líderes revolucionários reunidos no Trem da Vitória e da qual foi excluído o presidente do Partido Democrático de São Paulo, Francisco Morato.

Por último, é importante destacar o papel que o cartão postal teve na difusão da fotografia para as massas, principalmente na passagem do século XIX para o XX. Tanto como meio de correspondência quanto de expressão, e depois como alvo de coleções, o cartão postal foi um instrumento de difusão de um imaginário construído a partir de imagens visuais fragmentadas. Segundo Kossoy (2002), os postais permitiram o "conhecimento visual do mundo", por meio das vistas panorâmicas e paisagens de diferentes lugares. Comumente encontramos diversas imagens de cartões postais incorporadas à iconografia nacional. São Paulo é um bom exemplo desse movimento. Os diversos cartões postais da cidade, produzidos na passagem dos séculos XIX para o XX, mostram as inúmeras transformações físicas e culturais que a cidade de São Paulo sofreu. No entanto, as imagens da sociedade que ali vemos não ressaltam outros aspectos da vida da sociedade paulistana, a não ser a construção de edifícios, de monumentos e de avenidas etc. Estão excluídos dessas imagens, por exemplo, habitações populares e os vendedores de rua, considerados temas menores e não representativos da cidade que se desejava divulgar.

3.4 CONSIDERAÇÕES SOBRE O TRABALHO COM IMAGENS

O primeiro elemento a ser considerado ao analisarmos uma fotografia é o contexto de sua produção: qual a relação possível de ser estabelecida entre o tempo e o espaço que a imagem traz? Segundo Boris Kossoy, esse aspecto pode ser denominado como "microaspecto do contexto". São elementos como tempo e espaço que permitirão que se faça o questionamento da fotografia como mensagem direta – aquela que transmite exatamente o que quer dizer – e mensagem indireta, aquela que apresenta elementos implícitos que constituem o seu cenário principal.

Estamos diante das "realidades" da fotografia. De um lado, temos a realidade da representação, o momento em que a imagem foi elaborada; de outro, temos a realidade objetiva, que exprime o contexto de sua produção. Essas realidades, necessariamente, não são complementares; elas podem, inclusive, entrar em contradição quando comparadas. Apresentarmos aos nossos alunos as perspectivas contidas na imagem fotográfica tanto se apresenta como um desafio, como uma possibilidade de fazê-los não somente olhar a imagem e tratá-la como demonstração do real, mas também questioná-la e possibilitar que façam outras leituras de uma sociedade ali representada.

Em segundo lugar, temos as questões de autoria da imagem: quem a produziu? Quais as intenções pessoais e profissionais que cercam essa produção?

No Brasil, a partir de meados do século XIX, especificamente a partir de 1860, houve uma proliferação de ateliês fotográficos por todo o país. A fotografia desse período dedicou-se principalmente à produção de retratos cuja finalidade buscava aproximar a realidade brasileira do Segundo Império com a vida europeia. A Europa era o ideário de civilização almejado pela elite brasileira, assim como posteriormente as cidades, também retratadas em diversas fotografias, vão tentar demonstrar que no Brasil se seguia o padrão de urbanidade europeu.

Para conseguir tal aproximação entre as sociedades, o fotógrafo recorria ao enquadramento (ângulo, poses etc.), mas muitas vezes valia-se da constituição de cenários na produção fotográfica. As imagens tinham como objetivo "propagar uma ideia simbólica de identidade nacional conforme a ideologia predominante num dado momento histórico" (Kossoy, 2002, p. 82). O fotógrafo é o mediador da relação entre a realidade imaginada e a realidade objetiva e ele faz essas mediações por meio de suas concepções e compreensões sobre determinado contexto histórico e social.

O poder que o fotógrafo exerce sobre a constituição da imagem é imenso, não estamos dizendo, com isso, que todas as imagens são manipuladas; porém, são passíveis de manipulação, e esse caráter está na essência da fotografia e não pode ser ignorado. Com o alcance que a tecnologia tem em nossos dias, existem possibilidades de a imagem ser manipulada a partir do momento em que foi captada.

É importante estarmos atentos a esse caráter da fotografia, pois, a partir do momento em que se muda uma legenda, se descontextualiza uma imagem ou ela é sobreposta em um novo contexto, ela passa a possibilitar novas interpretações sobre um mesmo fato, produzindo uma nova trama ou uma ficção documental. (Kossoy, 2002)

A manipulação da imagem com retoques e retiradas de elementos na fotografia, é um recurso muito utilizado na propaganda publicitária, pois o seu objetivo principal é propagar um conceito associado ao consumo de determinado produto. A foto de moda não só expõe um estilo, como busca difundir um padrão de comportamento e uma estética que precisam ser consumidos (e o são) por determinados grupos sociais.

Passemos, agora, a analisar a fotografia e os passos metodológicos a serem adotados para efetivamente realizarmos a análise de uma imagem. Primeiramente, consideramos os aspectos ligados à sua descrição, o chamado aspecto iconográfico. Por meio dele podemos observar os elementos que contribuíram para a produção da imagem (assunto, fotógrafo, ano e local de produção, entre outros) e os elementos presentes na fotografia (conteúdo da imagem, o que retrata? Quem são os retratados? O que está retratado?).

Ao fazermos a interpretação da imagem propriamente dita, buscando decifrar a realidade interior da representação fotográfica, para tanto, podemos adotar os seguintes procedimentos: contextualizar historicamente o momento de produção daquela imagem e promover sua desmontagem, atendo-se às condições de sua produção.

EXEMPLO

Figura 3.1 Migrant Mother, Dorothea Lange, 1936.
Fonte: Imagem disponível em: http://www.flickr.com/photos/nationalmedia-museum/3588771589.

Farm Security Administration: entidade criada pelo presidente Franklin D. Roosevelt em 1935, como Resettlement Administration. Em 1937 tornou-se a FSA. Tinha como função encontrar soluções aos problemas, gerados pela crise de 1929, no campo, e apoiar o pequeno agricultor. Roy Emerson Stryker, responsável pela FSA, reuniu um conjunto de fotógrafos que registraram em 70 mil fotografias as condições da população rural. Essas imagens encontram-se, hoje, na Biblioteca do Congresso Americano.

A fotografia apresentada na Figura 3.1 é um bom exemplo de aplicação dos procedimentos utilizados para realizar a análise de uma imagem fotográfica. Essa foto, intitulada "Migrant Mother" ou Mãe Migrante, em tradução livre, foi tirada em 1936 por Dorothea Lange, na cidade Nipomo Valley, no Estado da Califórnia, Estados Unidos. Dorothea Lange (1895-1965) fez parte da equipe da **FSA** (Farm Security Administration), que registrou as condições dos trabalhadores rurais nos EUA entre os anos de 1935 e 1943, período conhecido como Grande Depressão. Os fotógrafos da FSA são considerados precursores da "fotografia documental", cuja finalidade era retratar a realidade social e as condições de vida no campo e dos trabalhadores rurais.

O impacto da crise econômica na vida da população americana em 1929, durante a Crise da Bolsa de Nova York, pode servir de mote para debater com nossos alunos o papel da economia em nossa vida cotidiana e, especificamente, em suas vidas. Essa discussão pode ser feita abordando-se questões econômicas ligadas às suas famílias e condições de vida. Também podemos fazer conexões entre os tempos históricos – passado e presente – por meio da relação entre as diversas crises econômicas e a forma como estas foram sentidas pela humanidade.

A fotografia "Mãe Migrante" é considerada um clássico na história da fotografia e, como tal, já foi exaustivamente explorada por diversas áreas do conhecimento e também em muitos livros didáticos. Ela é ilustrativa tanto do papel do fotógrafo, por meio da captura desse registro, como do poder da imagem congelada e largamente reproduzida. Essa fotografia faz parte da série intitulada: "Migrant agricultural worker´s family. Seven children without food. Mother aged thirty-two. Father is a native Californian", composta por cinco fotografias de Dorothea Lange, em que registrou imagens de Florence Owens Thompson (a migrante) e alguns de seus filhos, entre fevereiro e março de 1936.

A fotografia buscou captar a personagem principal de forma natural, mas a sequência de imagens permite verificarmos que a naturalidade de Florence, pressupôs um enquadramento, o que por sua vez possibilita questionarmos esse primeiro aspecto.

Ilustrativo das possibilidades de descontextualização e/ou aproximação com outros contextos históricos, essa imagem pode ser utilizada para discussão das condições de vida no campo de forma geral. Pode, por exemplo, suscitar aproximações com as imagens produzidas por Sebastião Salgado em seu livro *Terra*, cuja temática também era a vida no campo. Temos a possibilida-

Sebastião Ribeiro Salgado: fotógrafo mineiro, conhecido internacionalmente por seus trabalhos, cuja temática aborda questões ligadas ao trabalho, migração, refugiados de guerra e exclusão. Entre seus trabalhos destacamos: Trabalhadores (1996), Serra Pelada (1999) e Êxodo (2000).

de de conectar tempos históricos diferentes, desde que salvaguardemos as diferenças entre esses contextos retratados e as condições de produção das imagens que selecionarmos.

3.5 POSSIBILIDADES DE TRABALHO COM FOTOGRAFIAS

Para desenvolvermos atividades com os alunos sobre fotografias, podemos utilizar retratos e álbuns de famílias que são campos férteis para o trabalho sobre a memória individual e coletiva – fator que abordaremos em outro capítulo.

É possível trabalharmos com fotografias produzidas pela imprensa, anúncios publicitários, cartões postais, imagens utilizadas em outras disciplinas ou em livros didáticos, inclusive porque vários livros de História passaram a trabalhar com fotografias, de certa forma, ilustrando determinados temas. O trabalho com fotografias tem como objetivo apresentar novas possibilidades de leituras de imagens, além de traçar paralelos entre as sociedades, levando os alunos à reflexão sobre o tempo histórico, os aspectos sociais e culturais, além do fato de se trabalhar com a percepção da atuação dos indivíduos e de suas concepções nas diversas realidades e contextos sociais.

3.6 SEQUÊNCIA DIDÁTICA: MONTANDO UM PAINEL FOTOGRÁFICO

a. Atividade: descobrindo o bairro e a cidade.

b. Objetivo: realizar a montagem de um painel fotográfico, contemplando diferentes temporalidades acerca de um mesmo tema, possibilitando que os alunos aprendam a reconhecer no símbolo fotográfico, não somente a mensagem explícita, mas as mensagens subliminares criadas por aqueles que captaram a imagem. Possibilitar aos alunos o exercício da leitura da imagem, sua interpretação e interação com a realidade vivenciada.

c. Desenvolvimento.

Módulo 1: levantar as percepções dos alunos sobre uma fotografia. Esse levantamento, inicialmente, pode ser feito perguntando-lhes sobre as informações que podem encontrar quando veem uma fotografia. Feito esse levantamento, o professor pode ponderar com os alunos os cuidados que se deve ter ao analisar fotografias, a questão do enquadramento, das intencionalidades do fotógrafo e deve chamar a atenção para o cenário onde se fez a fotografia.

Módulo 2: propor aos alunos a formação de duplas ou quartetos. Distribuir aos grupos diversos tipos de imagens fotográficas: retratos de família, imagens retiradas de jornais e revistas, anúncios publicitários, cartões postais. Deve-se entregar um roteiro aos grupos com questões norteadoras para a interpretação da imagem, questões referentes à produção da imagem (assunto, fotógrafo, ano e local de produção etc.) e sobre os elementos presentes na fotografia (conteúdo da imagem; situações retratadas; pessoas retratadas etc.).

Inicialmente, queremos confrontar o que foi dito sobre a fotografia com a análise a partir das questões levantadas, para que os alunos iniciem o processo de desconstrução da fotografia como representação fidedigna da realidade, percebendo que existem diversas intenções que orientam a produção de uma imagem.

Módulo 3: compreendido o papel da imagem, devemos orientar os grupos a que consigam fotografias antigas do bairro. Para isso, pedimos que os alunos façam um levantamento junto aos moradores mais antigos da rua em que moram. Para esse levantamento, os alunos podem criar questões que orientem a sua pesquisa de campo. É importante que eles tenham, para as entrevistas, cartas da escola ou mesmo do professor que atestem o tipo de trabalho que estão desenvolvendo, para apresentar aos entrevistados. Esse passo é um facilitador da aproximação que os alunos farão com os moradores mais antigos de suas ruas. A etapa seguinte requer que cada grupo, selecione as fotografias por ordem cronológica, das mais antigas às mais recentes. As imagens recolhidas devem ser tratadas dentro do ambiente escolar. Quando isso não for possível, podemos solicitar que eles xerocopiem, escaneiem ou mesmo fotografem as imagens fornecidas, não se perdendo, assim, o intuito de montar uma cronologia do lugar.

Módulo 4: para cada imagem recolhida pelos grupos, deve-se proceder a uma catalogação, para isso é importante que os alunos tenham adotado os procedimentos realizados no Módulo 2, de identificação da fotografia. Feito isso, eles podem atribuir uma legenda a cada imagem que contenha título, ano, autor. A legenda pode ser trabalhada como um RG da imagem, o que facilita a sua identificação. Os alunos devem identificar os lugares de onde essas imagens foram tiradas, para isso, precisam recorrer às questões formuladas anteriormente aos entrevistados. Esse mapeamento é fundamental porque, se queremos que os alunos façam uma reconstituição cronológica do lugar, é importante que, espacialmente, consigam fazer correlações entre as condições do local no passado para saber como se encontra no presente. O próximo passo, após a identificação do lugar é organizar os grupos para que realizem fotografias desses locais no presente.

Módulo 5: as imagens do presente devem ser comparadas com as imagens conseguidas por meio da pesquisa de campo. Adotam-se os mesmos procedimentos descritos nos Módulo 2 (identificação da imagem) e no Módulo 4 (atribuição de legenda). Com as imagens da primeira e da segunda etapa, os alunos construirão painéis temáticos com as imagens reunidas. Nesse momento, o professor passa a orientar os alunos quanto à montagem da exposição de forma a dar-lhe unicidade, orientando quanto às temáticas, à consolidação dos painéis e à construção de pequenos textos que comporão a recuperação fotográfica da história do bairro, da cidade ou da região com a qual os alunos trabalharam.

d. Avaliação: o professor, como condutor das atividades propostas, participará de todo o processo que culminará com a exposição fotográfica. Ele conduzirá os alunos em um processo de pesquisa e reflexão; para tanto, é necessário que tenha clareza da atividade que está propondo e, como esta é processual, deve ser avaliada em diversas etapas. O material que virá das pesquisas pode ser complementado por outros tipos de materiais como documentos, objetos etc., possibilitando o diálogo com outras fontes históricas além da própria fotografia. É importante que o aluno compreenda que os conhecimentos adquiridos por meio dessa atividade não são estanques a uma disciplina somente; nesse sentido, é possível envolver outros educadores na atividade, que possui interface com disciplinas como geografia, português e artes. A exposição fotográfica sobre o bairro e a cidade pode servir de mote para envolver a escola como um todo, pois ela trabalha com elementos como identificação da realidade, memória e reconhecimento. Além de avaliar as atividades produzidas em grupo, o professor pode realizar avaliações individuais de cada aluno, por meio da elaboração de relatório de entrevistas ou textos produzidos a partir do trabalho de campo. Para se ter uma avaliação do público e fomentar o debate com os expositores, é possível também contar com questionários sobre a exposição, avaliando pontos positivos e pontos que poderiam ser melhorados em atividades futuras.

3.7 PARA FINALIZAR

Podemos realizar a atividade aqui proposta com os alunos da 5ª série ou 6º ano do Ensino Fundamental, mas ela pode ser utilizada para as demais séries, sempre se aprofundando o grau de análise e interpretação. O trabalho com fotografia é riquíssimo, tanto por inserir um documento com o qual o aluno tem certa familiaridade, como pela possibilidade de trabalhar com a interpretação de um documento que parece se apresentar já pronto para nosso aluno, quando, na verdade, pode esconder diversas facetas.

3.8 SUGESTÕES DE LEITURA

Sugerimos algumas leituras que podem auxiliá-los no trabalho com fotografia:

LEITE, M. E. Pesquisando a Coleção Militão Augusto de Azevedo do Museu Paulista: um inventário da sociedade paulistana (1865-1885). In: **3º Congresso Virtual de Antropologia y Arqueología**. Disponível em: <http://www.naya.org.ar/congreso2002/ponencias/marcelo_leite.htm>. Acesso em 04 mar. 2011.

LEITE, M. M. A imagem através das palavras. In: **Retratos de família:** leitura da fotografia. São Paulo: Edusp, 1993 (Texto & Arte, v. 9), p. 23—51.

KOSSOY, B. A imagem fotográfica: sua trama, suas realidades. In: **Realidades e Ficções na Trama Fotográfica**. 3. ed., São Paulo: Ateliê, 2002.

TURAZZI, M. I. A fotografia e o Ensino de História. In: **Informes e documentos**. São Paulo: Editora Moderna, 2005 (Projeto Araribá). Disponível em: <http://www.moderna.com.br/pnld2008/docs/informe_historia2.pdf>. Acesso em 25 mar. 2011.

Site para consulta de diversas imagens: http://www.flickr.com/photos/library_of_congress/with/3030265192/

3.9 REFERÊNCIAS BIBLIOGRÁFICAS

BARTHES, R. **A câmara clara:** notas sobre a fotografia. Rio de Janeiro: Nova Fronteira, 2000.

BAUREL, G. **A fotografia:** história, estilos, tendências. Lisboa: Edições, 70, 2006.

KOSSOY, B. **Realidades e ficções na trama fotográfica.** 3. ed., São Paulo: Ateliê, 2002.

_____. **A fotografia como fonte histórica:** introdução à pesquisa e interpretação das imagens do passado. São Paulo: Museu da Indústria, Comércio e Tecnologia, 1980.

_____. **Fotografia & história.** 2. ed., São Paulo: Ateliê, 2001.

LEITE, M. M. **Retratos de família:** leitura da fotografia. São Paulo: Edusp, 1993 (Texto & Arte, vol. 9)

PAULA, J. **Imagens construindo a história:** a fotografia na difusão do imaginário constitucionalista de 32. 1996. 270 f. Dissertação (Mestrado) – IFCH, Departamento de História, Unicamp, 1996.

4

Música e História

A música é uma das manifestações culturais mais presentes em nossas vidas, ela compõe nosso repertório psíquico, social e emocional, além de se manifestar no cotidiano das diversas sociedades, em suas várias formas.

É nesse sentido que pode se tornar um importante recurso didático nas aulas de História, atraindo e despertando a atenção de nossos alunos, auxiliando-os na construção de novos conhecimentos. (ABUD, 2005)

Percebemos a música desde muito cedo em nosso cotidiano, desde a infância. A música é utilizada não somente para embalar o sono das crianças, mas também faz parte de várias brincadeiras, está presente em diversos rituais religiosos, além de ser um elemento que mobiliza nossa memória e sentimentos.

A música é uma linguagem e, como tal, deve ser percebida tanto por nós, professores, como por nossos alunos. Assim, é necessário que exponhamos *"o jovem à linguagem musical de forma a criar um espaço de diálogo a respeito de música e por meio dela"*.(ABUD, 2010, p. 61) Desse modo, podemos trabalhá-la na perspectiva de despertar o interesse, tanto por sua letra, como por seu contexto e produção.

Nota: existem diversas cantigas de roda que compõem o imaginário popular, e ainda hoje são ensinadas às crianças, já na primeira infância: Ciranda-cirandinha, Escravos de Jó, Boi da Cara Preta, entre outras.

Essa linguagem permite aproximações com as realidades vivenciadas pelos alunos e suas famílias, podendo se transformar em instrumento de aprendizagem e possibilidade de discussão da História:

> *A observação, a leitura, a audição de documentos aleatórios, informais, são importantes para as representações sociais dos alunos que são intimamente ligadas aos conceitos espontâneos desenvolvidos nas interações sociais imediatas, transformados, em situações formais de aprendizagem, em conceitos científicos.* (ABUD, 2005, p. 310)

4.1 MÚSICA COMO INSTRUMENTO DE APRENDIZAGEM

Como professores, temos a preocupação constante em desenvolver práticas pedagógicas que atraiam a atenção de nossos alunos, estimulando sua criatividade e dinamizando nossas aulas. (OLIVEIRA, 2007)

Uma das estratégias de que, muitas vezes, lançamos mão em sala de aula é a adoção de novas linguagens, vistas como facilitadoras para o estudo de temporalidades e conceitos na História, pois, em muitos casos, os métodos tradicionais de ensino, como aulas expositivas, nem sempre obtêm a mesma adesão por parte de nossos alunos.

A música pode promover o diálogo entre o universo escolar e a vida cotidiana, sendo utilizada para "representar a relação com a pátria, com a religião, com as pessoas, com os diferentes espaços nos quais transitamos diariamente". (ABUD, 2010, p. 59) As músicas:

> *[...] são representações, não se constituem num discurso neutro, mas identificam o modo como, em diferentes lugares e em diferentes tempos, uma determinada realidade social é pensada e construída. Serão também instrumentos para a construção de representações sociais dos alunos, evidenciando por meio de múltiplas configurações intelectuais como os diferentes grupos constroem, contraditoriamente, a realidade social.* (ABUD, 2005, p. 312)

Podemos utilizar a música em sala de aula para animar conteúdos e períodos com os quais trabalhamos, ilustrando temas, fatos históricos ou mesmo, como fontes documentais. Diferentes disciplinas utilizam-na como recurso pedagógico. O professor de Português, por exemplo, pode enfatizar a análise do discurso, as variáveis linguísticas e a produção textual (NEVES,

---

Novas linguagens: no ensino de História, consideramos novas linguagens, entre outras: imagens urbanas (pichações e grafites), letreiros e cartazes, audição de músicas (de gêneros variados como rock, rap, sertanejas etc.) e cinema.

1999), ao passo que na História, desloca-se, muitas vezes, à análise para conexões entre o mundo retratado na letra e o cotidiano do aluno. Ambas as opções metodológicas não se invalidam, ao contrário, se complementam.

A música possibilita que abordemos diferentes temáticas como: trabalho, migração, mentalidade, cotidiano, costumes, moda, entre outros. Tratada como documento histórico, ela pode servir para despertar a consciência do aluno (ABUD, 2005), pois se constituiu como um importante espaço de revelação de representações cotidianas. Certos setores sociais, considerados relegados, durante muito tempo tiveram na música o único documento que permitiu que tivessem voz. Muitas canções possibilitam reconstruir o imaginário existente sobre homens, mulheres e as tensões da vida urbana. (MATOS, 2001)

No Brasil, a partir da década de 1930, é possível compor o panorama histórico urbano, observando a criação, a circulação e o consumo de canções. É comum ao abordamos o período conhecido como Estado Novo, apresentarmos aos alunos as diversas transformações urbanas ocorridas, principalmente, na cidade do Rio de Janeiro. Esse período marcado por intensas transformações nos campos econômico, social e urbano, foi caracterizado pelo acentuado papel do Estado na condução de hábitos e comportamentos da população por meio do DIP.

As músicas abaixo ilustram o papel do Estado na condução de manifestações artístico-culturais do período:

Estado Novo: (1937 a 1945) foi o período que Getúlio Vargas governou de forma ditatorial.

DIP: Departamento de Imprensa e Propaganda – criado em 1939, tinha a finalidade de divulgar os feitos do governo de Getúlio Vargas e controlar (censurar) as produções artístico-culturais do período.

EXEMPLO 1

Lenço no Pescoço
Wilson Batista (1933)
Meu chapéu do lado /Tamanco arrastando
Lenço no pescoço / Navalha no bolso
Eu passo gingando / Provoco e desafio
Eu tenho orgulho / Em ser tão vadio
Sei que eles falam / Deste meu proceder
Eu vejo quem trabalha / Andar no miserê
Eu sou vadio / Porque tive inclinação
Eu me lembro, era criança / Tirava samba-canção /
 Comigo não / Eu quero ver quem tem razão.

Bonde São Januário
Wilson Batista (1941)
Quem trabalha / É quem tem razão
Eu digo / E não tenho medo de errar
Quem trabalha...
O Bonde São Januário leva mais um operário
Sou eu / Que vou trabalhar
O Bonde São Januário...
Antigamente / Eu não tinha juízo
Mas hoje / Eu penso melhor no futuro
Graças a Deus / Sou feliz
Vivo muito bem / A boemia não dá camisa
A ninguém /Passe bem!

Fonte: <http://letras.terra.com.br/wilson-batista/386925/>. Acesso em: 23 mai. 2011.

Fonte: <http://letras.terra.com.br/wilson-batista/259906/>. Acesso em: 23 mai. 2011.

> **Wilson Batista:** (1913-1968) foi um compositor brasileiro de sambas, conhecido por frequentar os cabarés do bairro da Lapa (RJ) e também pela apologia que fez ao malandro carioca. Batista, a partir de 1940, gravou diversas músicas que retratavam tipos cariocas, obtendo êxito em diversos carnavais com músicas como "Acertei no milhar!"

O compositor Wilson Batista escreveu esses dois sambas *Lenço no pescoço* e *Bonde São Januário*, respectivamente em 1933 e 1941. A letra de *Lenço no pescoço* faz apologia à vida do malandro carioca, ao passo que a segunda canção apresenta um trabalhador integrado ao ideal de sociedade, propagado pelo governo Vargas. Essas músicas são exemplos do tipo de trabalho que se pode desenvolver utilizando a música com nossos alunos, além de levantar a temática do trabalho e do trabalhador, possibilita analisar determinado período histórico.

Em *Lenço no pescoço*, temos destacada a figura do malandro. Podemos fazer determinadas perguntas aos alunos tais como: quais são as palavras, na música, usadas para qualificá-lo? Quem ele era? Qual o seu papel para essa sociedade? Podemos ainda explorar o tipo de imaginário (positivo ou negativo) que a letra constrói sobre essa figura.

A segunda música, *Bonde São Januário*, ao contrário da primeira, destacou a figura do trabalhador. Pode-se solicitar aos alunos, que repitam as mesmas questões feitas para a primeira letra: a qualificação do personagem, o papel do trabalhador para a sociedade, o imaginário ao qual remete. Devemos, no entanto, considerar por que um mesmo autor exaltou figuras tão diferentes (o malandro e o trabalhador) e qual o significado dessa atitude?

Para esclarecer essas questões, será necessário voltar ao estudo do Estado Novo (por meio de textos e outros documentos), debatendo com os alunos sua estrutura de funcionamento, mecanismos ideológicos e políticos, além de abordar o panorama artístico-cultural do período, possibilitando que se analisem os impactos políticos desse regime para os diversos setores da sociedade.

Devemos lembrar que a propaganda foi instrumento bastante utilizado no governo de Getúlio Vargas e, também, apresentou-se eficaz nos regimes totalitários como Nazismo e Fascismo, dos quais Vargas tentou se aproximar.

Ao se exaltar a figura do trabalhador em detrimento do malandro, desejava-se demonstrar e difundir a ideia de que a vida boêmia era um mal a ser combatido, atribuindo a ela, o fato de o malandro ter se desvirtuado ou a possibilidade de desvirtuamento do trabalhador. O malandro da primeira música tornou-se o trabalhador da segunda, renegando a vida que teve anteriormente.

Como fonte documental, tanto a música como a canção popular têm ganhado importância na produção acadêmica sobre a

História do Brasil, em especial quando estudamos os períodos compreendidos entre 1930 a 1980. Ainda que timidamente, essa produção tem chegado às nossas salas de aulas, tornado-se um importante aliado na busca de um ensino de História mais dinâmico e contextualizado.

Atualmente, diversos estilos musicais podem ser utilizados para fins didáticos, tais como os choros do século XIX ou maxixes, sambas, baiões, cocos, milongas e boleros do início do século XX. É possível trabalharmos com produções dos anos 1960 e 1970, como Bossa Nova, Jovem Guarda, Tropicália e a MPB e, mais recentemente, temos outros estilos e gêneros como o Rap, o Hip-Hop, o Rock, o Mangue *Beat* e o *Funk*, esses últimos têm uma relação mais próxima com nossos alunos, sendo a música habitual de muitos deles, o que, por sua vez, pode ser um fator importante a considerar para a aproximação do estilo musical (e a música em si) com as aulas de História.

4.2 CONTEXTUALIZANDO A MÚSICA BRASILEIRA

Compreender o cenário de evolução da música brasileira e a relação existente entre os diferentes estilos musicais é um fator importante tanto para professores como para alunos e, na análise da música como documento histórico, essas conexões devem ser ressaltadas.

Diversas músicas podem ser utilizadas em sala de aula, mas devemos evitar a tendência comum que, muitas vezes, faz com que as classifiquemos como "boas" ou "más". Essa classificação é comum, principalmente quando tratamos das músicas ligadas à cultura de massa. Para Moraes (2000), não se pode trabalhar com a música "tentando determinar as relações culturais como simples reflexos das estruturas históricas mais gerais". (MORAES, 2000, p. 212)

A música não deve ser simplesmente entendida como texto, ao analisarmos os diferentes estilos musicais brasileiros, percebemos que historicamente, canções sempre tiveram aproximações e distanciamentos dos regimes governamentais. Essa conexão da música com os períodos históricos é que permite que a tomemos como elemento de análise das transformações políticas ocorridas no país, principalmente se pegarmos o uso feito, por determinados governos, do poder que a música teve de comunicação e difusão. (MORAES, 2000)

Mas afinal, o que seria música popular brasileira?

Nota: a gravação do samba *Pelo telefone*, em 1917, por Donga, tornou a música um grande sucesso, ultrapassando os limites do morro carioca, onde estava restrita.

CPC: Centro Popular de Cultura – foi criado em 1961 na cidade do Rio de Janeiro, ligado à UNE (União Nacional dos Estudantes). Reunia artistas de várias áreas que, influenciados pelo ideário soviético de uma "arte popular revolucionária" como instrumento de conscientização política, promoveram cursos, debates, filmes, espetáculos teatrais e musicais por várias capitais brasileiras. Esse movimento foi suprimido pelo golpe militar de 1964; porém, continuou influenciando vários artistas.

Seria a música produzida e consumida em centros urbanos, ou seja, a canção popular seria uma produção que abordaria o processo de modernização e industrialização brasileiros. Ao longo do século XX, foram diversos os gêneros que tentaram ser proclamados como música popular brasileira.

Nas décadas de 1920 e 1930, o samba foi visto como a música "genuinamente" brasileira, contando, para tanto, com o apoio do governo de Getúlio Vargas que o utilizou para representar a cultura brasileira internacionalmente. Para Napolitano (2005), no final da década de 1940, dentro do projeto político iniciado pelo Estado Novo, surgiu um movimento que forjou as representações do povo brasileiro e, junto a ele, a ideia de caráter folclorizante de criação de uma tradição musical brasileira ancorada ao samba carioca.

No governo de Juscelino Kubitschek (1956-1961), houve um acelerado processo de modernização e transformações no país. No campo cultural ocorreu um movimento de renovação, sentido nas artes plásticas, na poesia, no cinema e na música, com o surgimento da Bossa Nova. Nesse mesmo período, também surgiu a canção de protesto, ligada aos projetos políticos do CPC, propondo que a música deveria intervir na realidade social e política do país, resgatando temas e personagens próximos às camadas menos favorecidas da sociedade como moradores do morro, sertanejos e pescadores.

Entre 1964 e 1984, com os governos militares, a liberdade de expressão passou a ser vista como algo perigoso e que deveria estar sob controle. A partir de 1968, com o Ato Institucional nº 5, o cenário artístico-cultural brasileiro passou a ser alvo de diversas perseguições, com prisões e expulsões de artistas e intelectuais do país. Em meio à falta de liberdade política e artística, a música passou a ter caráter ideológico, tornando-se símbolo de resistência à ditadura militar. Surgiram as músicas engajadas, que buscaram driblar a censura.

Longe de encerrar a questão da música genuinamente brasileira, vários são os estilos musicais, ao longo do século XX, que permitem conexões com o estudo da História. Cabe ao professor fazer a seleção do período com o qual deseja trabalhar e a diversificar o tipo de documento que utilizará, mas entendemos a música como um elemento importante para complementar o panorama histórico, desvendando tramas que escondem sujeitos e tensões originadas no cotidiano. "O conhecimento histórico e a produção musical são formas de explicar o presente, inventar o passado e imaginar o futuro". (ABUD, 2010, p. 63)

Por último, e não menos importante, é o fato de considerarmos, em nosso trabalho, o caráter subjetivo da canção, porque "a música, além de seu estado de imaterialidade, atinge os sentidos do receptor, estando, portanto, fundamentalmente no universo da sensibilidade". (MORAES, 2000, p. 211)

4.3 DIFERENTES ESTILOS E POSSIBILIDADE DE ABORDAGEM

Os sentidos que uma obra musical contém são um desafio a mais que se coloca ao trabalho com esse tipo de documento em sala de aula (ABUD, 2010). Nossos alunos dialogam (inconscientes ou não) com a experiência musical, pautados pela subjetividade, pelo meio em que vivem, por seus valores e expectativas:

> *O diálogo-decodificação-apropriação dos ouvintes não ocorre de forma isolada pela letra ou pela música, mas no encontro, tenso e harmônico a um só tempo, desses dois parâmetros básicos e dos outros elementos que influenciam a produção e a apropriação da canção (vestimentas, comportamentos e dança).* (ABUD, 2010, p. 62)

Como professores, é importante que problematizemos a música como produto cultural, ávida para ser consumida dentro das regras do mercado. Podemos trazer, para o debate, questões como a vinculação da música, o local onde inicialmente ela circulou e a forma como o mercado musical a incorporou (MORAES, 2000). Esses aspectos fazem parte da conjuntura da produção musical e servem de ponte para o diálogo com o contexto histórico mais amplo do período a ser estudado (ABUD, 2010).

Independentemente da música que optamos por trabalhar, é importante considerarmos, na análise do documento, alguns aspectos da linguagem musical tais como: linha melódica, ritmo, motivos musicais, andamento. Aspectos que apontam para indícios determinantes na compreensão da música (MORAES, 2000).

Outro importante fator de análise a ser observado com os alunos é o contexto da composição que, por sua vez, seria "um dos principais definidores do significado que uma canção popular pode ter" (OLIVEIRA, 2006, p. 139). Talvez não seja possível recuperar totalmente a dimensão histórico-social do momento da criação da obra musical, mas é plausível levantar alguns elementos que nortearam esse momento, auxiliando na compreensão geral da música e na relação com o período histórico estudado.

EXEMPLO 2
A TRISTE PARTIDA (PATATIVA DO ASSARÉ)

Meu Deus, meu Deus
Setembro passou
Outubro e novembro
Já tamo em dezembro
Meu Deus, que é de nós,
Meu Deus, meu Deus
Assim fala o pobre
Do seco Nordeste
Com medo da peste
Da fome feroz
Ai, ai, ai, ai
A treze do mês
Ele fez experiença
Perdeu sua crença
Nas pedras de sal,
Meu Deus, meu Deus
Mas noutra esperança
Com gosto se agarra
Pensando na barra
Do alegre Natal
Ai, ai, ai, ai
Rompeu-se o Natal
Porém barra não veio
O sol bem vermeio
Nasceu muito além
Meu Deus, meu Deus
Na copa da mata
Buzina a cigarra
Ninguém vê a barra

Pois barra não tem
Ai, ai, ai, ai
Sem chuva na terra
Descamba janeiro,
Depois fevereiro
E o mesmo verão
Meu Deus, meu Deus
Entonce o nortista
Pensando consigo
Diz: "isso é castigo
não chove mais não"
Ai, ai, ai, ai
Apela pra março
Que é o mês preferido
Do santo querido
Sinhô São José
Meu Deus, meu Deus
Mas nada de chuva
Tá tudo sem jeito
Lhe foge do peito
O resto da fé
Ai, ai, ai, ai
Agora pensando
Ele segue outra tria
Chamando a famia
Começa a dizer
Meu Deus, meu Deus
Eu vendo meu burro
Meu jegue e o cavalo

Nóis vamo a São Paulo
Viver ou morrer
Ai, ai, ai, ai
Nóis vamo a São Paulo
Que a coisa tá feia
Por terras alheia
Nós vamos vagar
Meu Deus, meu Deus
Se o nosso destino
Não for tão mesquinho
Ai pro mesmo cantinho
Nós torna a voltar
Ai, ai, ai, ai
E vende seu burro
Jumento e o cavalo
Inté mesmo o galo
Venderam também
Meu Deus, meu Deus
Pois logo aparece
Feliz fazendeiro
Por pouco dinheiro
Lhe compra o que tem
Ai, ai, ai, ai
Em um caminhão
Ele joga a famia
Chegou o triste dia
Já vai viajar
Meu Deus, meu Deus
A seca terrívi

Que tudo devora
Ai, lhe bota pra fora
Da terra natal
Ai, ai, ai, ai
O carro já corre
No topo da serra
Oiando pra terra
Seu berço, seu lar
Meu Deus, meu Deus
Aquele nortista
Partido de pena
De longe acena
Adeus meu lugar
Ai, ai, ai, ai
No dia seguinte
Já tudo enfadado
E o carro embalado
Veloz a correr
Meu Deus, meu Deus
Tão triste, coitado
Falando saudoso
Com seu filho choroso
Iscrama a dizer
Ai, ai, ai, ai
De pena e saudade
Papai sei que morro
Meu pobre cachorro
Quem dá de comer?
Meu Deus, meu Deus
Já outro pergunta
Mãezinha, e meu gato?
Com fome, sem trato
Mimi vai morrer
Ai, ai, ai, ai
E a linda pequena
Tremendo de medo

"Mamãe, meus brinquedo
Meu pé de fulô?"
Meu Deus, meu Deus
Meu pé de roseira
Coitado, ele seca
E minha boneca
Também lá ficou
Ai, ai, ai, ai
E assim vão deixando
Com choro e gemido
Do berço querido
Céu lindo e azul
Meu Deus, meu Deus
O pai, pesaroso
Nos fio pensando
E o carro rodando
Na estrada do Sul
Ai, ai, ai, ai
Chegaram em São Paulo
Sem cobre quebrado
E o pobre acanhado
Percura um patrão
Meu Deus, meu Deus
Só vê cara estranha
De estranha gente
Tudo é diferente
Do caro torrão
Ai, ai, ai, ai
Trabaia dois ano,
Três ano e mais ano
E sempre nos prano
De um dia vortar
Meu Deus, meu Deus
Mas nunca ele pode
Só vive devendo
E assim vai sofrendo

É sofrer sem parar
Ai, ai, ai, ai
Se arguma notíça
Das banda do norte
Tem ele por sorte
O gosto de ouvir
Meu Deus, meu Deus
Lhe bate no peito
Saudade de móio
E as água nos óio
Começa a cair
Ai, ai, ai, ai
Do mundo afastado
Ali vive preso
Sofrendo desprezo
Devendo ao patrão
Meu Deus, meu Deus
O tempo rolando
Vai dia e vem dia
E aquela famia
Não vorta mais não
Ai, ai, ai, ai
Distante da terra
Tão seca mas boa
Exposto à garoa
A lama e o paú
Meu Deus, meu Deus
Faz pena o nortista
Tão forte, tão bravo
Viver como escravo
No norte e no sul
Ai, ai, ai, ai.

Fonte: <http://www.luizlua-gonzaga.com.br>. Acesso em 03 jun. 2011.

> **Luiz Gonzaga do Nascimento:** (1912-1989), mais conhecido como Luiz Gonzaga, foi considerado o Rei do Baião. Gonzaga contribuiu para popularizar esse ritmo, juntamente com o xote e o xaxado.

Como esquecer o impacto sonoro que essa música na voz de Luiz Gonzaga, com seus 8 minutos e 42 segundo, pode nos causar? A música é marcada por um ritmo lento, monótono, seu refrão é repetitivo, a letra aborda a seca nordestina e a transferência da família de retirantes à cidade de São Paulo.

Ao trazermos um estilo musical não habitual, para a sala de aula, é importante que observemos a reação dos alunos, para posteriormente trabalharmos com eles, a possibilidade de estranhamento diante de um som talvez não tão familiar, tal momento deve fazer parte da análise musical. É possível ainda indagarmos sobre o tipo de ritmo? Se ele pode ser associado a algum período histórico ou a alguma região específica do país? E se possuiria, ainda, relação com a contemporaneidade?

Essa música se apresenta como recurso para discutirmos vários momentos da história brasileira, por exemplo, as migrações internas desde o início da República brasileira até a década de 1930, quando a região Nordeste emergiu no cenário nacional tanto pela miséria vivida por sua população, como pelos conflitos existentes ou pelas diversas questões políticas ali colocadas. Também podemos dialogar com a Literatura de Graciliano Ramos, por meio de trechos de Vidas Secas (1938) ou Morte e Vida Severina (1955), de João Cabral de Melo e Neto.

> **Nota:** ainda que no Ensino Fundamental não se trabalhe especificamente com Literatura, possibilitar o diálogo com trechos de obras entendidas como documentos históricos, permite ampliar a análise sobre os períodos estudados.

Mas como conectar períodos históricos diferentes?

Ao abordarmos as migrações, podemos fazer paralelos entre períodos distintos, não nos fixando somente nos primeiros anos da República. O intérprete da música *A triste partida*, Luiz Gonzaga, foi um músico que teve, na pobreza e nas injustiças ocorridas no sertão nordestino, suas grandes temáticas. É possível, por exemplo, por meio dessa mesma música, abordar as transformações sociais ocorridas em grandes centros urbanos, como São Paulo, até a década de 1950, tendo como pano de fundo as levas migratórias que vieram para a região Sudeste ou mesmo, as migrações que ocorreram em direção às capitais nordestinas, a exemplo de Recife.

Experiências como essas, permitem que os alunos possam "compreender por quais motivos as pessoas atuaram no passado de determinada forma e o que pensavam sobre a maneira como o fizeram" (ABUD, 2010, p. 64). Ao mesmo tempo, o professor analisa as progressões das ideias dos alunos referentes à compreensão do processo histórico (idem).

4.4 ALGUNS CUIDADOS NO TRABALHO COM MÚSICA

Ao utilizarmos a música como fonte documental, alguns cuidados podem ser adotados para facilitar seu uso em sala de aula. Primeiramente, é importante que se garanta a análise da letra juntamente com a escuta da música. Tal procedimento visa assegurar que o aluno possa refletir sobre a melodia, sobre o ritmo, partes integrantes da obra musical, assim como a letra.

Como documento, é necessário que a tratemos com o mesmo rigor que utilizamos para lidar com outras fontes. Devemos buscar compreendê-la a partir de sua criação, dialogando com seu compositor (quem era e em que momento produziu?) e com sua mensagem (análise da letra da canção).

Ao relacionarmos a análise da música a outros documentos da época, construímos um panorama mais amplo do momento de sua produção. Esses cuidados possibilitarão que o professor consiga listar algumas músicas, facilmente utilizadas, para tratar de determinados períodos históricos. É importante nos atermos a fatores como divulgação e recepção da obra junto ao público, atenção também dada quando utilizamos filmes como recurso didático. A música torna-se fonte documental importante a partir do momento que traduz os dilemas e as ideologias, não só do artista que a produziu, mas da sociedade que a consumiu.

Outro aspecto que pode ser introduzido no trabalho refere-se aos gêneros musicais, ainda que devamos nos ater à idade e às características socioculturais de nossos alunos. Os gêneros musicais dizem muito sobre a história de uma sociedade ou período (seu surgimento, o espaço que conquistou no campo artístico-cultural, a apropriação feita pelos grupos sociais, o espaço público de suas realizações, origens, influências que recebeu e que exerce) podem ser objeto de estudo em nossas aulas, em especial quando tratamos da História do Brasil, no século XX.

Gêneros como rap e hip-hop por abordarem questões contemporâneas como a vida nas periferias, discriminação e preconceito, podem ser motes interessantes de debates, estimulando a produção de releituras a partir do estudo de determinados períodos, servindo de elemento de aproximação entre o universo escolar e o mundo de nossos alunos.

4.5 SEQUÊNCIA DIDÁTICA: LINGUAGEM MUSICAL E HISTÓRIA

a. Atividade: música brasileira e História contemporânea do Brasil.

b. Objetivo: apresentar, a partir da linguagem musical, conhecimento da história do Brasil, estabelecendo relações históricas entre a produção da música urbana brasileira e os processos econômicos, sociais, culturais e políticos do século XX.

c. Desenvolvimento

Módulo 1: sensibilize os alunos para o papel que a música exerce na cultura brasileira. Para conhecer as músicas que eles ouvem, faça um pequeno levantamento dos estilos, ritmos, gêneros e artistas de que gostam. Inclua nesse levantamento o que suas famílias mais escutam. Questione como se dão essa escutas (se individualmente, socializadas, por qual modo de reprodução: rádio, web, CD, mp3 etc.). Esse momento propiciará um diálogo entre as escutas atuais e as conexões possíveis com outras gerações. Seria um bom exercício verificar que tipo de música eles consideram a mais representativa do Brasil na atualidade.

Apresente as possíveis conceituações de *música popular brasileira*. Faça um breve histórico dos gêneros desse estilo de música. É possível expor as características e influências dessa música e também traçar um paralelo com as influências recebidas por ela.

Módulo 2: exponha, com clareza, os objetivos da proposta de trabalho aos alunos. Componha uma síntese dos diversos períodos a serem abordados, destacando os fatos mais relevantes, nos aspectos sociais, econômicos e políticos e os distribua em seis grupos. É importante que os alunos percebam que a pesquisa musical terá relação direta com o período escolhido, não sendo assim, uma proposta aleatória.

Divida a classe em seis grupos, distribua-os ou sorteie os períodos e gêneros a serem pesquisados:

- Grupo 1 – Getúlio Vargas (Estado-Novo) - Samba
- Grupo 2 – Populismo e Desenvolvimentismo – Bossa Nova
- Grupo 3 – Governos Militares – Músicas de Festival
- Grupo 4 – Governos Militares – Tropicalismo e Jovem Guarda
- Grupo 5 – Governos Militares – Música Engajada

Nota: é possível, apresentar as características dos períodos sem nomeá-los, propondo, assim, um jogo no qual os alunos tenham de relacionar o período ao governante.

- Grupo 6 – Reabertura Política – Rock

Cada grupo deverá pesquisar tanto material visual como sonoro, com o objetivo de levantar as seguintes informações: qual(is) meio(s) de comunicação e mídia(s) mais importantes para a difusão da música no período; quais os artistas mais famosos do período. Onde eles se apresentavam para o público; e os grupos devem escolher ao menos dois artistas que fizeram sucesso no período estudado e montar uma pequena biografia, apresentando os maiores sucessos desses artistas.

Os grupos devem escolher uma música que represente cada item pesquisado, devem providenciar a letra e o áudio das músicas escolhidas.

Módulo 3: entre a divisão dos grupos, explicação inicial da atividade (Módulo 2) e a apresentação que os alunos farão de suas pesquisas (Módulo 4) o professor deverá criar um calendário com três encontros (três aulas) quinzenais. Os dois primeiros serão utilizados para que o grupo faça a seleção dos dados e informações pesquisados e o terceiro, para a organização e montagem da apresentação. Nesse momento, o professor poderá orientar e esclarecer dúvidas que tenham surgido ao longo da pesquisa.

Módulo 4: os alunos organizarão e apresentarão as informações coletadas em forma de seminários participativos com a ajuda de material visual (painéis ou datashow), também deverão contar com a escuta da(s) música(s) acompanhadas por suas letras.

É importante que sejam levantadas, durante as apresentações, possíveis relações entre as músicas apresentadas com o tempo presente, possibilitando que os alunos apontem permanências culturais entre os períodos, assim como a influência desse tipo de música e aquelas que eles habitualmente escutam.

Módulo 5: conforme os seminários forem ocorrendo, ou ao final deles, monte com os alunos um grande painel onde possa ser construído e socializado um panorama musical brasileiro do século XX que apresente os gêneros, os principais meios de comunicação e divulgação musical, artistas, músicas e principais aspectos políticos, econômicos e sociais do período.

d. Avaliação: deve ser feita durante todo o desenvolvimento da atividade. O Módulo 3 foi pensado como uma etapa em que professor e grupo de alunos avaliem a qualidade, quantidade e pertinência dos dados pesquisados e selecionados.

Nota: se a atividade for feita com diversas turmas, monte o painel em uma parede inteira nas próprias salas de aulas, se for desenvolvida em uma ou duas classes, monte o painel em uma parede de passagem de corredor, saguão da escola ou mesmo no pátio. Cuide para que haja uniformidade na base onde for montado o painel, proponha um mesmo fundo para todos os grupos (por exemplo, em papel craft ou pardo) com o mesmo tamanho de letra e informações em textos curtos. Essa sequência pode ser desenvolvida interdisciplinarmente, com os professores de Língua Portuguesa e Educação Artística.

Conforme as apresentações forem ocorrendo (Módulo 4), é interessante proporcionar momentos de breves avaliações de aspectos positivos que o grupo trouxe para a sala e aqueles que deverão ser evitados nas apresentações subsequentes, tomando os devidos cuidados para não constranger os grupos diante do restante da sala. Ao término da montagem do painel (Módulo 5), o professor poderá propor que todos (inclusive ele próprio) façam uma autoavaliação de sua atuação e aprendizado durante o percurso da atividade.

Caso o painel seja exposto à comunidade escolar, crie um livro no qual os demais interlocutores possam fazer suas considerações.

4.6 PARA FINALIZAR

Propusemos, nesse capítulo, a utilização da música como fonte documental ou como elemento para ilustrar conteúdos referentes à história brasileira do século XX, porém outras temporalidades podem ser trabalhadas com o auxílio dessa fonte.

Existe a possibilidade de abordarmos diversos gêneros musicais, podendo analisar os espaços públicos e privados construídos como locais sociais ou, mesmo, a história europeia, em diferentes momentos, a partir da Renascença.

Com a ajuda dos professores de Língua Inglesa, podemos encontrar letras que permitam abordar questões político-religiosas, guerras, a falta de liberdade, as diferenças sociais, entre tantos outros temas. São exemplos, músicas como *Sunday Bloody Sunday*, da banda irlandesa U2, *Master of War*, do norte-americano Bob Dylan, e muitos outros de artistas, como Joan Baez e John Lennon.

Por fim, é importante que, como professores, não desautorizemos os gêneros e estilos que nossos alunos mais apreciam porque, ao escutá-los, podemos fazer correlações com conteúdos que desejamos trabalhar. É o caso, por exemplo, do rap e do hip-hop.

O trabalho com música deve ser, antes de tudo, um espaço prazeroso de troca de experiência e significados.

4.7 SUGESTÕES DE LEITURAS

Além de visitas e pesquisas aos sites oficiais de artistas, busca de letras e vídeos, sugerimos as leituras a seguir:

ABUD, K. M. Registro e representação do cotidiano: a música popular na aula de História. In: **Cadernos CEDES,** Campinas, v.

25, n. 67, p. 309—317, 2005. Disponível em <http://www.scielo.br/pdf/ccedes/v25n67/a04v2567.pdf>.

_____. **Ensino de história.** São Paulo: Cengage Learning, 2010 (Coleção Ideias em Ação).

MORAES, J.G. V. História e música: canção popular e conhecimento histórico. In: Revista Brasileira de História, São Paulo, v. 20, n. 39, p. 203—221, 2000. Disponível em: <http://www.scielo.br/pdf/rbh/v20n39/2987.pdf>.

NAPOLITANO, M. **História & música** – História Cultural da Música Popular. 3. ed. Belo Horizonte: Editora Autêntica, 2005.

NEVES, L. A. D. Rap na sala de aula. IN: ANDRADE, E. N. (org.) **Rap e educação, rap é educação.** São Paulo: Summus, 1999, p. 153—160.

OLIVEIRA, R. C. História, música e ensino ao ritmo dos excluídos: músicas engajadas e problemáticas sociais na contemporaneidade. In: **Cadernos de História,** Uberlândia, v. 15, n° 1, p. 137—149. 2006. Disponível em: <http://www.seer.ufu.br/index.php/cadernoshistoria/article/download/351/336>.

4.8 REFERÊNCIAS BIBLIOGRÁFICAS

ABUD, K. M. Registro e representação do cotidiano: a música popular na aula de História. In: **Cadernos CEDES,** Campinas, v. 25, n. 67, p. 309—317, 2005. Disponível em: <http://www.scielo.br/pdf/ccedes/v25n67/a04v2567.pdf>.

_____. **Ensino de história.** São Paulo: Cengage Learning, 2010 (Coleção Ideias em Ação).

ANDRADE, E. N. (org.) **Rap e educação, rap é educação.** São Paulo: Summus, 1999.

ANDRADE, M. **Aspectos da música brasileira.** Belo Horizonte/Rio de Janeiro: Villa Rica, 1991.

CONTIER, A. Edu Lobo e Carlos Lira: o nacional e o popular na canção de protesto (os anos 60). In: **Revista Brasileira de História.** São Paulo, v. 18 n. 35, 1998. Disponível em: <http://www.scielo.br/scielo.php?...0188**1998**000100002>.

LIMA, A. Funkeiros, timbaleiros e pagodeiros: notas sobre juventude e música negra na cidade de Salvador. In: **Cadernos CEDES,** Campinas, v. 22, n. 57, p. 77—96, agosto/2002. Disponível em: <http://www.cedes.unicamp.br>.

MATOS, M.I.S. **Meu lar é o botequim**: alcoolismo e masculinidade. 2. ed. São Paulo: Companhia Editora Nacional, 2001.

MOTTA, N. **Noites tropicais:** solos, improvisos e memórias musicais. Rio de Janeiro, Editora Autêntica, 2000.

MORAES, J.G. V. História e música: canção popular e conhecimento histórico. In: Revista Brasileira de História, São Paulo, v. 20, n. 39, p. 203—221, 2000. Disponível em: <http://www.scielo.br/pdf/rbh/v20n39/2987.pdf>.

NAPOLITANO, M.; WASSERMAN, M. C. Desde que o samba é samba: a questão das origens no debate historiográfico sobre a música popular brasileira. In: **Revista Brasileira de História,** São Paulo, v. 20, n. 39, p. 167—189, 2000. Disponível em: <http://www.scielo.br/pdf/rbh/**v20n39**/2985.pdf>.

_____. **História & música**: história cultural da música popular. 3. ed. Belo Horizonte: Editora Autêntica, 2005.

OLIVEIRA, R. C. História, música e ensino ao ritmo dos excluídos: músicas engajadas e problemáticas sociais na contemporaneidade. In: **Cadernos de História,** Uberlândia, v. 15, nº 1, p. 137—149. 2006. Disponível em: <http://www.seer.ufu.br/index.php/cadernoshistoria/article/download/351/336>.

SEREN, L. G. **Gosto, música e juventude:** uma pesquisa exploratória com grupos da rede pública e privada de ensino de Araraquara. Dissertação (Mestrado) Unesp, Araraquara, 2009. Disponível em: <http://www.athena.biblioteca.unesp.br/exlibris/bd/bar/33004030079P2/2009/seren_lg_me_arafcl.pdf>.

SEKEFF, M. L. **Da música:** seus usos e recursos. 2. ed. São Paulo: Unesp, 2007.

VARGAS, H. **Hibridismos musicais de Chico Science & nação Zumbi**. Cotia, Editora Ateliê, 2008.

5

Memória e história oral

Como objeto de interesse interdisciplinar, a memória passou a ser estudada primeiramente pela Psicologia, que se preocupou em compreender a forma como ela se constituía. Posteriormente, os psicólogos passaram a estudar a maneira de preservação das lembranças e os efeitos causados pelas perturbações que acometiam a memória, como, por exemplo, a amnésia, quando da ocorrência da perda total ou parcial da memória, sendo, nesse caso, também campo de atuação da Psiquiatria.

A apreensão da memória pode ser influenciada pelo meio social, político e por estímulos provocados por objetos, textos e imagens. Como ferramenta, a memória passou a fazer parte de estudo de várias áreas como a História, a Sociologia, a Antropologia, a Educação e a Geografia.

> É por meio das funções psíquicas que somos capazes de atualizar informações passadas ou que as entendemos como parte de um passado.

> **Nota:** utilizamos aqui os temos micro-história para definir um campo da História que possibilita a microanálise da sociedade. Da mesma forma, podemos pensar a macro-história vinculada ao estudo de aspectos mais gerais da sociedade, como a economia e política, por exemplo. A micro-história vincula-se à História das Mentalidades e ao Movimento História Nova.
>
> **Memória em expansão:** expressão utilizada por Le Goff (2003), sendo originalmente do antropólogo francês André Leroi-Gourhan (1911-1986), cujos estudos abordaram a tecnologia e a estética.
>
> **Nota:** nesse processo, as redes sociais tiveram papel importante, permitindo o compartilhamento de informações entre as pessoas, como os blogs que, funcionando como um diário, possibilita a seus administradores socializar memórias, fotos, observações etc.

Pretendemos, no âmbito deste texto, apresentar, brevemente, algumas reflexões sobre o papel da memória, a relação entre memória coletiva e memória individual e alguns cuidados a serem adotados quando trabalhamos com a história oral. Essas considerações objetivam desenvolver com os alunos atividades que envolvam a utilização da memória como possibilidade de trabalho da História em sala de aula.

A história oral, ao ser utilizada em pesquisas com memórias, permite observar determinados aspectos de períodos e acontecimentos históricos nem sempre perceptíveis por meio de outras fontes, como textos ou imagens. Ao fazer uso da memória como ferramenta de trabalho em sala de aula, esperamos que o saber escolar se torne algo dinâmico que valorize a tradição oral, a preservação da memória e a experiência humana. É nesse sentido, que a memória possibilita conexões entre a história individual e a história coletiva, permitindo, por exemplo, reflexões sobre o tempo histórico e a relação entre a micro e a macro-histórias.

5.1 O PAPEL DA MEMÓRIA

Em seu livro *História e memória,* Jacques Le Goff (2003) preocupou-se em situar as principais transformações sofridas pela memória, a partir do estudo das sociedades essencialmente orais. Para ele, a memória teria um papel crucial nas sociedades, em função de sua propriedade de conservação de informações do passado, possibilitando, assim, abordar os problemas referentes ao tempo e à história.

Para esse autor, na história da humanidade, a memória teria essencialmente quatro fases: a memória oral utilizada pelos grupos que não dominavam a escrita, fase essa configurada principalmente pelos mitos de origem. O segundo momento teria ocorrido na Idade Média, sendo uma fase intermediária marcada pela convivência entre a memória oral e a memória escrita. A terceira fase ocorreu na Idade Moderna, contemplando processos que consolidaram a memória escrita por meio da imprensa e da alfabetização e, por último, teríamos o período chamado de "memória em expansão", em que diversos mecanismos passaram a ser utilizados para perpetuar a memória, como os monumentos, as comemorações, os arquivos etc.

Atualmente, a internet tem um importante papel no processo de apreensão da memória e de sua perpetuação, pois as pessoas passaram a escolher os acontecimentos coletivos ou individuais que desejam guardar e compartilhar.

5.2 A MEMÓRIA ATRAVÉS DO TEMPO

Nas sociedades essencialmente orais, existiam "especialistas da memória" ou "homens-memória", tidos como a "memória" daquela sociedade, pois eram eles que guardavam os códigos reais, as histórias da corte, os mitos etc.

Com o aparecimento da escrita, profundas transformações ocorreram na relação dos indivíduos com a memória coletiva. A memória passou a apoiar-se em suportes como a comemoração e o documento escrito, sendo que esse último permitiu que as informações se conservassem no tempo e no espaço e, também possibilitou que na passagem da esfera auditiva à visual, fosse possível "reorganizar, reordenar, retificar frases e até palavras isoladas" (GOODY apud LE GOFF, 2003, p. 429).

> Foi comum na Antiguidade a edificação de monumentos para celebrar um acontecimento memorável. No Oriente Antigo, multiplicaram-se as estelas e os obeliscos. Na Grécia e em Roma, utilizaram-se as inscrições em templos, cemitérios, praças, ao longo das estradas (LE GOFF, 2003, p. 428).

Na Idade Média, a memória foi fortemente impactada pelo Cristianismo, que, por sua vez, impôs às pessoas a importância de guardarem os ritos, a memória dos mortos e, principalmente, dos santos, e de perpetuarem os atos para a salvação de suas almas. Os mártires tornaram-se testemunhos e, em torno de sua recordação, organizou-se a memória dos cristãos. Para o Cristianismo, a lembrança seria uma "tarefa religiosa fundamental" (LE GOFF, 2003, p. 438).

No período moderno, a memória tornou-se objeto e instrumento para perpetuar ações de governo, multiplicaram-se os símbolos para sua comemoração: moedas, medalhas, selos, ao mesmo tempo em que foram criados os monumentos de lembranças, edificados para perpetuar a memória coletiva das nações:

> *Ao 14 de julho republicano, a França católica e nacionalista acrescenta a celebração de Joana D'Arc. A comemoração do passado atinge o auge na Alemanha nazista e na Itália fascista.* (LE GOFF, 2003, p. 458)

O patrimônio histórico adquiriu, muitas vezes, o caráter de perpetuador de uma memória que se pretendeu instituir.

Nos séculos XIX e XX, a memória ganhou outros suportes, como as comemorações funerárias (monumentos aos mortos) e a fotografia que, por sua vez, possibilitou a retenção da memória do tempo e da evolução cronológica, além de ter se multiplicado e se democratizado. Nesse período também foram criados diversos museus pela Europa: na França, Museu de Versailhes (1833), Museu de Saint-Germain (1862); na Alemanha, o Museu das

Antiguidades Nacionais de Berlim (1830) e o Museu Germânico de Nuremberg (1852), na Itália: a Casa de Savoia e o Museu Nacional do Bargello, em Florença, ambos de 1859.

Atualmente, a questão mais relevante em relação à memória são os mecanismos para a sua preservação. A memória passou a ligar-se menos aos acontecimentos históricos e mais a comportamentos, mentalidades, imagens, ritos e festas (LE GOFF, 2003, p. 466). A moda é um bom exemplo desse processo, ano após ano, tendências são recuperadas, passando por releituras para se adaptar a um novo público, ávido por consumi-la.

5.3 MEMÓRIA COLETIVA E MEMÓRIA INDIVIDUAL

Mauricio Halbwachs, no livro *A memória coletiva* (2004), analisou o papel da memória coletiva e as vinculações possíveis entre memória e espaço, a constituição das lembranças e a oposição da memória com a história. Se, em um primeiro momento, a memória coletiva aparece em oposição à memória individual, podemos perceber que elas irão interagir e se complementar.

Para esse autor, "nossas lembranças permanecem coletivas, e elas nos são lembranças pelos outros, mesmo que se trate de acontecimentos que só nós tivemos envolvidos, e com objetos que só nós vimos" (HALBWACHS, 2004, p.30).

É importante que nosso aluno compreenda que todos participamos dessa trama partilhada entre memória coletiva e memória individual e que a definição de nossa identidade, assim como a de um grupo, é feita por meio da memória coletiva. É a partir da interação com o outro que construímos o nosso sentido de pertencimento: "Recordar a própria vida é fundamental para nosso sentimento de identidade" (THOMPSON, 2002, p. 208).

A memória coletiva se desenvolve a partir de laços inscritos no interior de um grupo: escolar, familiar ou profissional e por meio da interação indivíduo–grupo, ela se acresce, unifica, diferencia e corrige (HALBWACHS, 2004). A partir dessa relação, é possível trabalhar com nossos alunos a visualização das conexões entre as histórias individuais e coletivas, destacando aspectos importantes desses entrelaçamentos.

Compreender o papel da memória dentro das diversas sociedades permite indagar sobre o momento em que ela deixou de ser individual para tornar-se coletiva. A memória torna-se coletiva quando os sujeitos, individualmente, passam a compreender determinados fatos e acontecimentos como a única versão possível desses momentos. Na medida em que essa versão passa a ser disseminada e se consolida no imaginário social, ela torna-se coletiva. É por meio desse mecanismo de disseminação que ocorre a vinculação entre as memórias individual e coletiva.

A memória individual sempre estará conectada à memória de um grupo (memória coletiva), uma vez que o indivíduo não faz suas reflexões baseadas somente em seu próprio referencial, mas em diálogo com outros indivíduos que participam do mesmo grupo que ele. Assim, a memória é influenciada por fatores como afetividade, desejo, inibição e censura, entre outros.

Um exemplo dessa conexão entre memórias pode ser visto quando estudamos com nossos alunos a imigração. Não analisamos esse momento como um fato isolado do qual somente um indivíduo participou, mas estudamos o processo sofrido pelo grupo de imigrantes nos deslocamentos, os motivos pelos quais ocorreu a saída de seu país, a forma como ocorreu a integração desse grupo em outros países, os embates gerados pela nova convivência, nova cultura e costumes.

Nesse sentido, é a memória coletiva que permite compreender o impacto do movimento imigratório para o grupo e individualmente. Quando pedimos a um imigrante que relate a sua trajetória de vida, suas memórias sempre perpassam episódios ligados à memória coletiva e à sua própria experiência.

Não devemos esquecer que a memória é passível de manipulação, sendo esse ato intencional. A manipulação da memória busca consagrar versões e papéis de determinados grupos sobre outros na história das sociedades. Exemplo desse processo pode ser encontrado no papel atribuído aos povos europeus durante a colonização da América Portuguesa e Espanhola. A versão europeia mostrava indígenas e negros como preguiçosos, indolentes ou desprovidos de civilidade. Essa visão divulgava a escravidão como a forma encontrada pelos europeus de integrar esse grupo (negros e índios) à sociedade colonial.

Difundida durante muitos anos pelos europeus, essa versão, por um lado, minimizava o seu papel no processo de escravidão, assim justificando-a, e, por outro, escondia os interesses econômicos que sustentaram a escravidão, atribuindo aos povos escravizados sua própria condição. A partir de novos estudos sobre esse período, que passaram a "dar voz" aos grupos minoritários da sociedade escravocrata (negros, indígenas,

Nota: são exemplos desses estudos: "O escravismo colonial" de Jacob Gorender (1980); "Onda negra medo branco", de Célia Maria Marinho de Azevedo (1987); "Preconceito racial: Portugal e Brasil colônia" de Maria Luiza Tucci Carneiro (1988); "Visões da Liberdade" de Sidney Chalhoub (1990) e "Ser escravo no Brasil" de Kátia de Queirós Mattoso (1990).

homens pobres), passou-se a questionar essa visão europeia de análise da sociedade colonial.

Ao trabalharmos com fotografias, com gravuras ou com descrições a partir de depoimentos, nós, professores, devemos nos ater ao fato de que os lugares ali retratados serão afetados pela interação que o observador/leitor – nosso aluno – tem com o que vê retratado. Muitas vezes, quando recorremos à memória para nos lembrarmos de espaços ou de eventos, nos apoiamos nas lembranças que tínhamos desses locais e acontecimentos. Não estamos pensando no tempo presente, o ato de lembrar significa incorrer na representação que temos desses lugares.

As narrativas refletem a memória que temos de espaços e eventos, ainda que estes já não existam mais na forma como o guardamos em nossa memória. Isso é o que explica, por exemplo, o fato de determinados espaços e acontecimentos permanecerem inalterados em lembranças pessoais, ainda que, muitas vezes, já não existam mais na forma como ficaram guardadas nas lembranças.

A seguir, trabalhamos com um exemplo de história de vida a partir de um depoimento:

EXEMPLO

"A minha meninice foi rica, bem diferente da de hoje..."

A minha meninice foi rica, bem diferente da de hoje, naquela época, mal e mal se escutava rádio. Desde criança, aqui na Vila, a criançada ia tudo brincar na rua, só que as brincadeiras eram diferentes. Os carrinhos que hoje, se compram fácil, a gente construía. Eu lembro que tinha um chá, o Chá Mate Real, que vinha numa caixinha de madeira, a gente ficava torcendo pra acabar logo o chá pra fazer daquilo um caminhãozinho. Aqui onde inicia o asfalto era rua de terra, a gente fazia as estradas na rua de terra. A gente jogava bola, a gente nadava no rio, porque o rio era limpo, né? O rio não era poluído, era água potável, podia até beber água do rio, não era como hoje. Muita gente aprendeu a nadar no rio Tietê. Tinha brincadeira de bolinha de gude, brincadeira de pião. Tinha época de empinar pipa, época de balão, festas juninas, uma maravilha! Todo ano vinha parque de diversão, então a gente não precisava sair daqui. Tinha época de carnaval, tinha muito divertimento. Na própria Vila, a gente brincava de soldado e ladrão, brincadeiras infantis que muitas delas estão sumindo, por exemplo, pular corda, a gente pulava junto com as meninas, brincadeiras de roda, lenço atrás, puxa-puxa cabelinho. Puxa! Na minha cabeça eu lembro. A própria calçada da Vila era jogo da amarelinha, né? Então, a gente brincava também de amarelinha.

Depoimento de Seu Dedé. In: OLIVEIRA, R. S. **Aproximações entre experiências de moradia popular no bairro Belenzinho (SP):** Mutirão do Casarão e Vila Maria Zélia – memória e segregação. 2007, 239 f. Dissertação (Mestrado). IFCH, Departamento de História, Unicamp, Campinas, 2007.

O depoimento apresentado aqui, de um antigo morador de uma vila operária em São Paulo apresenta diversos aspectos da infância desse morador, Seu Dedé. Por meio dele, podemos perceber aspectos de sua infância, como brincadeiras e brinquedos, mas também aspectos da vida na cidade de São Paulo.

Esse depoimento permite observar como um determinado período veio à tona ao se recorrer à memória: para falar de sua infância, seu Dedé teve de passar pela cidade, pelos espaços de lazer, por eventos que o marcaram. Ao trabalharmos um relato como esse com nossos alunos, podemos levá-los a uma aproximação entre diferentes períodos históricos, por meio da observação de hábitos e costumes.

O texto traz impressões de uma pessoa idosa sobre o século XX e, por meio dele, possibilitamos que os alunos percebam as diferenças presentes entre o tempo da narrativa e o seu próprio tempo (o tempo vivido). Inicialmente, essa observação pode ser feita solicitando que apontem os eventos descritos no texto, a experiência do narrador (que sentimentos expressam), se as experiências narradas são individuais ou coletivas, quais as percepções que apontam sobre o espaço físico, entre outras formulações.

A narrativa de Seu Dedé permite visualizar diferentes aspectos de uma cidade, tanto no viés do adulto como no da criança. Ao verificarmos aproximações e distanciamentos entre a infância descrita no documento e a do próprio aluno ou aspectos sobre a cidade, temos a possibilidade de tratarmos de uma chave importantíssima no processo de aprendizagem: o reconhecimento do outro, conceito imprescindível quando tratamos de sujeitos históricos.

Nota: as vilas operárias foram construídas, no começo do século XX, por industriais e empresários que desejavam manter seus funcionários morando próximos aos locais de trabalho. A vila recordada por seu Dedé é a Vila Maria Zélia, construída em 1917, por Jorge Street, no bairro do Belenzinho em São Paulo.

5.4 O USO DA HISTÓRIA ORAL E O TRABALHO COM A MEMÓRIA

No trabalho com a memória, a fonte oral tem sido primordial pela articulação que possibilita entre a História e o cotidiano. O *boom* da história oral no Brasil ocorreu a partir de 1990, embora as primeiras experiências nesse campo tenham surgido na década de 1970.

Para Paul Thompson (2003), o sucesso da história oral justificou-se por ela ter se apresentando como um instrumento de transformação do conteúdo e da finalidade da História. Ela revelou novos campos de pesquisa que passaram a considerar como matéria-prima de trabalho as experiências de vida de pessoas e grupos.

ATENÇÃO

Nos Estados Unidos, os primeiros trabalhos com história oral iniciaram-se na década de 1950. No final dos anos 1960 e início dos 1970, o trabalho com História oral ganhou relevância a partir da publicação de periódicos especializados como o "Oral History Review" e a formação de associações e instituições dedicadas a esse tipo de pesquisa.

O relato oral de grupos pouco estudados tornou-se relevante por abrir frentes de pesquisas a partir do desenvolvimento de estudos sobre família, movimento operário, movimento sindical e sobre a história urbana. Essa mudança sinalizou o compromisso da história oral com uma mensagem social da história como um todo. Conforme apontou Thompson (2003), a história oral provocou a democratização da História na medida em que alguns grupos conseguiram, a partir de seu uso, apresentar suas versões sobre o processo histórico e seus embates.

Mas, a história oral é um método unânime entre os historiadores? De forma alguma existe unanimidade no uso da história oral. Muitos dos questionamentos a seu respeito decorrem de seu caráter subjetivo em função da utilização do depoimento como fonte, o que, por sua vez requer a organização do discurso e das lembranças. A história oral trata justamente da subjetividade, da memória, do discurso e do diálogo. Seu caráter plural está no fato de se possibilitar a compreensão de múltiplas abordagens sobre a verdade histórica.

Também não devemos esquecer o fato de que em nossa sociedade houve um afastamento da tradição oral, trazendo como consequência a descrença na oralidade. Mesmo entre professores de História, tornou-se pouco usual trabalhar com a narrativa; muitas vezes, esquecemos o quanto ela é enriquecedora em nossa prática.

5.5 OBSERVAÇÕES NO USO DA HISTÓRIA ORAL EM SALA DE AULA

Ao propormos o trabalho com fontes orais aos nossos alunos, devemos ressaltar que estes devem adotar alguns cuidados no desenvolvimento de sua pesquisa, principalmente no que se refere ao respeito e à sensibilidade com que devem tratar seus entrevistados.

É importante que tenham em mente que não estarão lidando simplesmente com fontes orais e sim com pessoas dispostas a rememorar fatos de suas vidas. Os alunos devem atentar ao fato de estarem dando "voz" a sujeitos históricos e contribuindo, de alguma maneira, para que sejam ouvidos por outros grupos e comunidades (PORTELLI, 1997).

Outro cuidado metodológico a ser adotado no trabalho com história oral se refere ao conhecimento prévio do assunto estudado, pois a história oral se insere em uma problemática que se deseja estudar, portanto, ela não é aleatória. Nesse sentido, uma boa fundamentação teórica sobre o assunto, por meio de leituras e pesquisas, enriqueceria o trabalho em campo.

Antes de se partir à ação, deve-se escolher qual o tipo de entrevista se pretende fazer: depoimento ou histórias de vida. Isso auxiliará na definição de questões a serem perguntadas e também na forma como se organizará posteriormente o trabalho, após a realização das entrevistas: elas podem ser transcritas integralmente ou contextualizadas a partir de temáticas específicas.

O aparato tecnológico de que nossos alunos dispõem atualmente mostra-se um elemento desafiador ao nosso trabalho em sala de aula. Assim, aparelhos celulares, câmeras fotográficas, filmadoras e gravadores, apresentam-se como instrumentos que podem facilitar nosso ofício, ao mesmo tempo em que servem de apoio a trabalhos que possamos desenvolver voltados à oralidade e ao resgate da memória.

Depoimento: o entrevistador direciona o controle sobre a conversa, com questões específicas sobre um tema.

História de vida: o relato permite que o entrevistado reconstitua os acontecimentos que vivenciou, transmitindo sua experiência pessoal, abarcando toda sua história de vida.

5.6 SEQUÊNCIA DIDÁTICA: TRABALHANDO COM MEMÓRIAS

a. Atividade: percepções sobre mudanças de hábitos.

b. Objetivo: possibilitar por meio da história oral, a observação das mudanças comportamentais da sociedade, analisando o impacto dessas transformações na constituição de novos hábitos e costumes. Refletir sobre as condições socioeconômicas no contexto dessas mudanças e as transformações para os grupos sociais.

c. Desenvolvimento:

MÓDULO 1: apresentar aos alunos algumas imagens que sejam representativas do vestuário de jovens nas décadas de 1950 aos anos 2000. Pode-se dividir a sala em grupos (sendo cada um destes grupos, responsável por analisar uma década). O professor pode distribuir aos grupos fichas que contenham questões orientadoras, tais como: descrição prévia da imagem; acontecimentos para o grupo assinalar aqueles relacionados ao período; como imaginam o comportamento da sociedade nesse período; tipo de música que se ouvia, entre outras. As questões têm o intuito de levantar hipóteses iniciais que os alunos poderão confirmar ou refutar mais aprofundadamente ao longo do trabalho. Ao final do levantamento de cada grupo, o professor pode conduzir, de forma coletiva, o compartilhamento do grupo de suas impressões iniciais com o restante da sala.

Módulo 2: cada grupo deve realizar um roteiro de pesquisa sobre a década com a qual vai trabalhar. A pesquisa visa compor, inicialmente, um panorama geral sobre o período e, para tanto, é importante que sejam levantados os principais acontecimentos de cada década. Sugerimos alguns aspectos que podem ser utilizados: população mundial, população nacional, economia, culturais, políticos, panorama nacional.

Os grupos devem levantar alguns hábitos e costumes que não existem mais na atual sociedade. Essa etapa, além de aprofundar as hipóteses inicialmente levantadas, permite a composição de um quadro mundial sobre a sociedade desse período.

Módulo 3: o professor deve organizar as apresentações dos grupos, de modo a assegurar que após cada apresentação seja preenchido um quadro geral por década, destacando as informações mais relevantes de cada período. Sugerimos a organização por tópicos considerando os aspectos levantados anteriormente (política, cultura, economia, sociedade, entre outros). Durante a composição do quadro da década, o professor deve complementar as informações que os alunos eventualmente não tenham levantado. Nesse momento também é possível revisar com os alunos, questões já estudadas sobre o período.

Módulo 5: finalizada a primeira etapa, a partir do levantamento feito sobre cada década, o professor deve solicitar aos alunos que elaborem perfis de pessoas que poderiam ser entrevistadas para falar de cada um desses períodos (idade, assuntos possíveis de serem abordados, perguntas que poderiam ser feitas). Nessa fase, é importante a orientação do professor em relação aos procedimentos necessários para o uso da história oral. Os grupos precisam definir se trabalharão com histórias de vida ou com depoimentos, material necessário à realização da entrevista etc.

Módulo 6: os grupos devem trabalhar com as entrevistas feitas, de acordo com o tipo de entrevista que tenham realizado. Se optarem pelo trabalho com depoimentos, devem proceder à sua organização, preferencialmente agrupando a fala em temáticas (o grupo deve ter realizado essa escolha no Módulo 5). O professor deve, juntamente com os alunos, escolher a melhor forma de publicizar o trabalho realizado. Pode-se montar uma exposição com esse material, dando-se especial destaque às narrativas orais, quanto montando-se uma linha do tempo comparando as mudanças comportamentais nas diferentes décadas trabalhadas, com especial destaque às memórias que mais chamaram a atenção dos alunos.

d. Avaliação: é importante que o professor, ao propor o trabalho com memória, tenha clareza de quais aspectos pretende enfocar. Deve-se trabalhar ao longo desse processo a questão da escuta, pois, muitas vezes, o ato de escutar não é plenamente efetivado pelos nossos alunos, pois ele pressupõe não só o ouvir, mas o processar as informações obtidas com o outro. As entrevistas também podem ser complementadas por meio de fotografias ou outros materiais que remetam à lembrança do entrevistado. O professor pode dividir a sua avaliação em duas etapas: a primeira, relacionada ao momento da pesquisa documental (levantamento de informações sobre o período estudado) e a segunda, relacionada à história oral e à sua apresentação.

5.7 PARA FINALIZAR

A atividade aqui proposta foi pensada para ser desenvolvida com alunos do 9º ano do Ensino Fundamental, visto que ela permite um maior diálogo com os conteúdos curriculares pertinentes a essa série. No entanto, feitos os devidos ajustes, a atividade pode ser desenvolvida com alunos das demais séries.

O trabalho com história oral e memória possibilita que abordemos principalmente a questão da oralidade, chamando a atenção de nosso aluno para esse aspecto. É possível também incrementar a atividade utilizando filmes que abordem o período que se quer trabalhar.

Sugerimos que, ao utilizar a metodologia da história oral com os alunos, você tome o cuidado de adaptar a complexidade das questões a sua capacidade de apreensão. A história oral pode permanecer como um dos métodos de seu trabalho, pois ela lança luz sobre as contribuições individuais de pessoas comuns para determinados eventos e como estas elaboraram suas práticas pessoais e experiências individuais.

5.8 SUGESTÕES DE LEITURA

Indicamos algumas leituras e sites que podem ser utilizados no trabalho com a Memória e com a História Oral:

AMADO, J.; FERREIRA, M. M. (org.). **Usos & abusos da história oral.** 7. ed. Rio de Janeiro: Ed. FGV, 2005.

LE GOFF, J. **História e memória.** 5. ed. Campinas: Unicamp, 2003.

MONTENEGRO, A. T. **A história oral e a memória:** a cultura popular revisitada. 5. ed. São Paulo: Ed. Contexto, 2003.

Site recomendado: <www.museudapessoa.net>. Museu virtual de histórias de vida. Nele é possível encontrar diversas entrevistas, agrupadas em coleções, além de fotografias.

Site recomendado: <www.saopaulominhacidade.com.br>. Contém diversas histórias escritas por moradores da cidade de São Paulo, que fazem narrativas sobre o cotidiano da cidade. Também é possível acessar diversos vídeos sobre a cidade, além de histórias dos bairros.

5.9 REFERÊNCIAS BIBLIOGRÁFICAS

AMADO, J. FERREIRA, M.M (org.). **Usos & abusos da história oral.** 7. ed. Rio de Janeiro: Ed. FGV, 2005.

BOSSI, Ecléa. **Memória e Sociedade: lembranças de velhos**. 14. ed. São Paulo: Companhia das Letras, 2007.

_____. **O tempo vivo da memória: ensaios de psicologia social.** 2. ed. São Paulo: Ateliê Editorial, 2004.

BRANDÃO, C. R. (org.) **As faces da memória**. Campinas: CMU (coleção de Seminários, 2)

CANDAU, Joël. **Memória e identidade**. São Paulo: Contexto, 2011.

HALBWACHS, M. **A memória coletiva**. São Paulo: Editora Centauro, 2004.

LE GOFF, J. **História e Memória.** 5.ª ed. Campinas: UNICAMP, 2003.

MONTENEGRO, A. T. **A história oral e a memória: a cultura popular revisitada**. 5. ed. São Paulo: Ed. Contexto, 2003.

OLIVEIRA, R.S. **Aproximações entre experiências de habitação popular no bairro Belenzinho (SP): Mutirão do Casarão e Vila Maria Zélia – Memória e Segregação**. Dissertação (Mestrado). Departamento de História, IFCH, Unicamp, Campinas, 2007.

PORTELLI, A. O que faz a história oral diferente. In: **Projeto História**. São Paulo: n. 14, 1997, p. 25—39.

THOMPSON, P. **A voz do passado: história oral.** 3. ed. Rio de Janeiro: Ed. Paz e Terra. 2002.

6

História e patrimônio

6.1 O QUE É PATRIMÔNIO?

Patrimônio Histórico é um conceito bastante usado nos dias de hoje. O patrimônio é algo que por ter um valor a ele atribuído, é deixado para as futuras gerações. Pensemos, então, no Patrimônio Histórico. O que pode ser considerado como valor a ser transmitido para as próximas gerações?

Patrimônio: palavra que deriva de "pai" e de "pátria"; podendo ser definida, em um sentido, como herança familiar ou herança nacional.

As definições de valores também são resultados de processos históricos. O que pode ter valor hoje, pode não ter mais valor no futuro. Assim, a definição do que "vale a pena" ser considerado patrimônio está diretamente relacionada com os valores de uma determinada época.

Atualmente, é comum a referência aos "patrimônios imateriais". No Brasil, há diversos processos de tombamento de bens considerados, por determinado grupo social, como algo de valor que merece ser alvo de políticas de preservação.

Alguns prédios antigos nas cidades são tombados e são alvo de proteção legislativa que regulamenta a sua preservação proibindo, por exemplo, alterações físicas que os descaracterizariam.

Assim, aquilo que é considerado patrimônio histórico é resultado de uma série de escolhas das pessoas do presente a partir de diversas noções. Dentre essas noções, estão a ideia de identidade. Na maioria das vezes, a preservação de algo está relacionada à identidade de determinado grupo, seja local, ou até nacional.

A definição de Patrimônio relaciona-se também com os sentimentos de perda. Há um ditado popular muito conhecido que diz: "só valoriza quando perde". Esse ditado coloca em questão a relação entre a possibilidade da perda e a valorização. Da mesma forma, os discursos de preservação de patrimônios, em diversos momentos da história, estão intimamente ligados às experiências de perdas, qualquer que seja o motivo.

A noção de patrimônio, como normalmente é conhecida, está mais vinculada ao patrimônio edificado. No entanto, essa noção ampliou-se e passou a abarcar também outros tipos de patrimônio, como o patrimônio cultural.

De acordo com Lemos (LEMOS, 1982), o patrimônio cultural está dividido em três tipos. Primeiro, o patrimônio "ambiental" que são os recursos naturais; segundo, o patrimônio formado por diversos tipos de conhecimento, técnicas, saberes, ou seja, o conhecimento construído pela humanidade e, terceiro, o patrimônio formado por bens culturais criados pela humanidade, englobando desde o machado até o foguete.

Faremos, inicialmente, uma discussão a respeito da noção de patrimônio (edificado) tomando como base a discussão apresentada pela autora Françoise Choay no livro *Alegoria do patrimônio*. Vamos apresentar aqui a relação entre as experiências de perda e a configuração dos discursos de patrimonialização. Essas diversas experiências contribuíram para definir os conceitos atuais de preservação de patrimônios. E elas nos levam a refletir sobre a relação entre os momentos nos quais aparecem discursos de preservação e a ocorrência de grandes perdas materiais e/ou simbólicas, tais como a Revolução Industrial e a Revolução Francesa. Ou seja, existe uma relação intrínseca entre perdas e preservações.

6.2 NOÇÕES DO CONCEITO DE PATRIMÔNIO

6.2.1 Ruínas da antiguidade

Imaginemos uma cena fictícia: a caravana do papado, depois de um longo tempo de afastamento, retornando a Roma (que antes fora um grande centro de poder, com construções monumentais e esplendorosas) e encontrando as grandes ruínas dos prédios antigos. As pessoas da caravana observam pedaços de construções (ruínas) tomados pela vegetação ou ocupados por seres humanos; assistem a diversas pessoas utilizando os espaços de maneira bastante diferente de como os antigos faziam.

De fato, a caravana chega aos "restos" de Roma e não encontra a antiga. Ou seja, chega-se a uma Roma que não existe mais. Mas, esses homens que chegam querem fazer reviver, no presente para o futuro, o que fora a Roma do passado.

Esse momento, imaginado por nós como uma cena de um filme, é demarcado por Choay como o germe, o nascimento, do conceito de *monumento histórico*. Ou seja, quando o papado retorna a Roma em meados do século XV.

Roma foi uma cidade de grande esplendor no passado, mas passou por sucessivas destruições, seja pelas *invasões bárbaras*, seja pelas práticas anteriores de reutilização de materiais das construções antigas, tais como o mármore, para construir novos edifícios.

As ruínas de Roma sofreram, tanto do ponto de vista da sua utilização, quando as construções destruídas eram usadas como matéria-prima para novas construções, quanto em relação a um tipo de destruição que poderíamos chamar de "ideológica", quando os espaços e objetos de cultos pagãos foram ressignificados pelos cristãos.

Nesse ambiente de tentativa de recuperação do esplendor antigo da cidade de Roma que se configura o chamado Humanismo, movimento que constrói um olhar diferenciado para o passado, não aquele passado recente, mas, aquele outro, mais antigo, o da Antiguidade. Um passado tão distante que é quase um estranho. Afinal, são quase mil e quinhentos anos que separam o momento atual, daquele.

Assim, surge o discurso da preservação atrelado à relação que se estabelece com o passado e com a experiência histórica da temporalidade. Quando a Antiguidade está distante demais temporal e culturalmente o suficiente para se configurar como *diferente* e *outra* e, ao mesmo tempo, as ruínas e "vestígios" da sua existência continuam existindo, começam a ser configurados, de maneira mais forte, os discursos de preservação. Roma Antiga não mais existe, mas existem suas ruínas que "precisam" ser preservadas.

Nota: o Panteão Romano, ou Panteão de Agripa, por exemplo, foi construído em 27 a. C. como local de adoração a todos os deuses do Império Romano. Foi reconstruído após um incêndio no governo do imperador Adriano e, no século VII, já no Império Bizantino, transformou-se na igreja cristã Santa Maria de Todos os Santos.

Preservar o quê? Preservar para quê? Preservar por quê? Neste caso, preservar as referências ao passado antigo, importantes para os homens do Renascimento. Esse passado não mais existe, mas serve de inspiração. É como guardar lembranças de pessoas que não existem mais, mas que admiramos e que nos inspiram. É uma tentativa de preservar o que não existe mais.

6.2.2 Destruição na revolução francesa

Imaginemos outra cena: agora, no meio da Revolução Francesa, prédios antigos são incendiados, estátuas destruídas, castelos violados e saqueados. Ao mesmo tempo em que houve, durante aquele movimento, grande destruição de móveis e imóveis que faziam referências àquele passado que se tentava destruir, esse também foi outro momento importante de configuração dos discursos sobre o patrimônio da nação.

Durante a Revolução Francesa, que promoveu uma ruptura com o Antigo Regime, substituindo a monarquia por um novo governo, muitos bens da antiga sociedade passaram a ser considerados patrimônios da nação. E, ao mesmo tempo, outros deles foram destruídos, seja pela multidão, seja por processos institucionalizados.

Podemos dizer que há vários tipos de destruições ocorridas durante a Revolução Francesa. Destruição a partir do vandalismo privado: "... roubos, pilhagens, depredações, ditados pela violência, pela concupiscência, tornados possíveis pelo vácuo jurídico" (CHOAY, 2001, p.106). E a destruição institucionalizada, quando o próprio Estado revolucionário ordenou a destruição por motivos ideológicos e também econômicos (atitude semelhante àquelas que destruíam as ruínas romanas para utilizar o seu mármore, ou reis que mandavam fundir peças de metais preciosos para criar moedas para a guerra).

E é diante dessa destruição institucionalizada que surgem também atitudes de preservação. Ou seja, surge com a Revolução Francesa, uma série de medidas institucionais contra a destruição institucionalizada.

Apesar desse movimento de preservação monumental ter durado apenas alguns anos revolucionários, ele foi importante nas políticas de preservação construídas depois.

> *Não há dúvida de que, quer se trate de discursos, quer de sentenças, quer de instruções, os textos relativos à conservação [...] antecipam, por sua lógica, finura e clareza, as doutrinas*

e os procedimentos, elaborados nos séculos XIX e XX, de proteção dos monumentos históricos. (CHOAY, 2001, p.110)

Nesse sentido, podemos situar a criação de um aparato específico para as questões do patrimônio histórico na França, em contraposição ao movimento de "vandalismo ideológico" presente no movimento revolucionário. Ou seja, o discurso de preservação vai se formatando em contraposição aos atos de destruição.

6.2.3 As perdas da revolução industrial

Os discursos sobre patrimônio e preservação que ganharam força com a Revolução Francesa foram finalmente consagrados com a Revolução Industrial.

Imaginemos outra cena: pessoas acostumadas a viver um tempo mais calmo, o tempo da natureza, começam a deparar-se com mudanças rápidas na sua vida, na vida das cidades e nas paisagens. Mudanças que não estavam registradas na sua herança cultural. Ali, onde antes havia um bosque, hoje há várias chaminés. Onde se podia contemplar o céu, hoje há fumaças assustadoras. Tudo parece mudar rápido demais.

Os homens que vivenciaram a Revolução Industrial experimentaram uma ruptura temporal. Com ela, o corte brusco no tempo cria uma ruptura e uma diferença em relação ao passado e aos monumentos. Ou seja, o futuro que vai se configurando é extremamente diferente do passado e não uma continuidade. E é nesse processo de ruptura definitiva de identificação com o passado que se processa a "consagração" do monumento histórico.

O monumento histórico passa a ser algo tão único e raro, algo que pertence a um tempo que jamais voltará. Ele passa a ser considerado como "insubstituível" por pertencer a um tempo passado muito diferente do presente e do futuro. Ou seja, ele nunca poderá ser repetido ou refeito.

Após o Renascimento, as antiguidades, fontes de saberes e prazeres, afiguravam-se igualmente como pontos de referência para o presente, obras que se podiam igualar e superar. A partir da década de 1820, o monumento histórico inscreve-se sob o signo do insubstituível; os danos que ele sofre são irreparáveis, sua perda irremediável. (CHOAY, 2001, p.136)

A preocupação com a preservação do patrimônio tem aumentado desde então. Aumentado até demais, beirando uma quase obsessão pela "preservação".

6.2.4 O PATRIMÔNIO NA CONTEMPORANEIDADE

Depois da Segunda Guerra, verificou-se uma intensificação do discurso das instituições internacionais pela preservação do patrimônio mundial.

Um marco importante no percurso da preservação do patrimônio cultural foi a criação da Unesco, em 16 de novembro de 1945. Com o objetivo de promover a paz e os direitos humanos, com base na solidariedade intelectual e moral da humanidade, essa agência das Nações Unidas incentivou a cooperação entre os Estados membros e desenvolveu um programa internacional de preservação do patrimônio cultural de cada país e de defesa da diversidade mundial das culturas.

Dos encontros internacionais resultam *Recomendações* a serem seguidas pelos países membros, sobre os procedimentos para a preservação dos bens de natureza material e imaterial. Em 1964, foi assinada a Carta de Veneza, difundindo mundialmente o conceito de patrimônio e as práticas de preservação a ele associadas.

De acordo com François Hartog, as diversas *cartas* e *recomendações* vieram coordenar e dar forma ao amplo movimento de criação de patrimônios ao qual se refere.

> *A primeira, a Carta de Atenas para a Restauração dos Monumentos históricos, se centrava somente sobre os grandes monumentos e ignorava o resto. Trinta anos mais tarde, a Carta de Veneza ampliava consideravelmente os objetivos, pois pretendia levar em conta "a Conservação e a Restauração dos Monumentos e dos Lugares.* (HARTOG, 2006, p. 270)

EXEMPLO

Convenção para proteção do patrimônio mundial, cultural e natural da Unesco – 1972

Abaixo está reproduzida a introdução do documento produzido na Convenção para Proteção do Patrimônio Mundial, Cultural e Natural da Unesco de 1972. Nele podemos perceber os conceitos que nortearam, na época, a criação de Patrimônios. É interessante observar como as noções de perdas, sejam por degradação ou ameaças diversas, pautam a justificativa para a proteção de bens. *"A Conferência Geral da Organização das Nações Unidas para a Educação, Ciência e Cultura, reunida em Paris de 17 de Outubro a 21 de Novembro de 1972, na sua décima sétima sessão:* Constatando que o patrimônio cultural e o patrimônio natural estão cada vez mais <u>ameaçados de destruição</u>, não apenas pelas <u>causas tradicionais de degradação</u>, mas também pela evolução da vida social e econômica que as agravam através e <u>fenômenos de alteração</u> ou <u>de destruição</u> ainda mais importantes; [...] que a degradação ou o desaparecimento de um bem do patrimônio cultural e natural constitui um empobrecimento efetivo do patrimônio de todos os povos do mundo; [...] que determinados bens do patrimônio cultural e natural se revestem de excepcional interesse que necessita da sua preservação como elementos do patrimônio mundial da humanidade no seu todo; [...] que, perante a extensão e a gravidade dos novos perigos que os <u>ameaçam</u>, incumbe à colectividade internacional, no seu todo, participar na proteção do patrimônio cultural e natural, de valor universal excepcional, mediante a concessão de uma assistência colectiva que sem se substituir à ação do Estado interessado a complete de forma eficaz; [...] que se torna indispensável a adoção, para tal efeito, de novas disposições convencionais que estabeleçam um sistema eficaz de protecção colectiva do património cultural e natural de valor universal excepcional, organizado de modo permanente e segundo métodos científicos e modernos;

Após ter decidido aquando da sua décima sexta sessão que tal questão seria objecto de uma convenção internacional; adota no presente dia 16 de Novembro de 1972 a presente Convenção." (grifo nosso)

6.3 O DISCURSO DO PATRIMÔNIO NO BRASIL

De acordo com Marly Rodrigues (2003), os patrimônios passaram a ser valorizados em função da sua composição na criação de uma história "unificada" em torno da ideia de nação, ele "... passou a constituir uma coleção simbólica unificadora, que procurava dar base cultural idêntica a todos, embora os grupos sociais e étnicos presentes em um mesmo território fossem diversos. O patrimônio passou a ser, assim, uma construção social de extrema importância política." (RODRIGUES, 2003, p.15)

Na década de 1920, com o crescente nacionalismo, e as ameaças da fragmentação em diversas regiões, houve a preocupação em construir uma "identidade nacional" para o Brasil. Assim, houve um esforço crescente, principalmente por parte dos intelectuais modernistas, em conhecer e "descobrir" o que era o Brasil, desenvolvendo, assim, a ideia de proteger o patrimônio. No governo de Getúlio Vargas as instituições de preservação começaram a ganhar materialidade.

Anos mais tarde, durante o Regime Militar, houve uma valorização de um "pacote cultural" para criação de um país com "tradição". O patrimônio nacional, uma ferramenta poderosa na construção de civismo, foi bastante valorizado, principalmente no viés turístico. Na década de 1970, várias ações foram debatidas para valorizar e tombar patrimônios. A Unesco considerou como patrimônio da humanidade vários lugares brasileiros. Até a década de 1980, no entanto, a maioria da população não se identificava com o "patrimônio" construído em função da ênfase dada aos "vencedores". Quando os movimentos sociais começaram a atuar na política e ter visibilidade, começaram a ser valorizadas outras vozes da sociedade, além disso, o próprio processo histórico englobou o processo de valorização de outras histórias. Nesta época, o patrimônio era visto como um lugar de memória social, permitindo a inclusão de bens relacionados a outros setores sociais, que não os dominantes.

Recentemente no Brasil, foram criados vários mecanismos de patrimonialização. Esse processo, no entanto, não engloba apenas bens materiais, mas também imateriais.

Para o seu registro foram criados quatro livros: *Livro de registro dos saberes*, em que são inscritos conhecimentos e modos de fazer enraizados no cotidiano das comunidades; *Livro de registro das celebrações*, em que são inscritos rituais e festas que marcam a vivência coletiva do trabalho, da religiosidade, do entretenimento e de outras práticas da vida social; *Livro de registro das formas de expressão*, em que são inscritas manifestações literárias, musicais, plásticas, cênicas e lúdicas; e *Livro de registro dos lugares*, em que serão inscritos mercados, feiras, santuários, praças e demais espaços onde se concentram e se reproduzem práticas culturais coletivas.

As ideias sobre patrimônio estão bastante difundidas na sociedade atual. De acordo com François Hartog (2006), a sociedade atual vive uma relação intensa com os patrimônios. Parece que tudo vira patrimônio numa tentativa inútil de "congelamento" do tempo.

> *No curso do período, o patrimônio se impôs como a categoria dominante, englobante, senão devorante, em todo caso, evidente, da vida cultural e das políticas públicas. Nós já*

Patrimônio da humanidade: definido pela Unesco a partir de alguns critérios. Esses critérios são debatidos e definidos nas suas Convenções, podemos observar isso por meio do Exemplo 1. Até os anos 1990, os critérios principais para a definição de Patrimônios da Humanidade eram a autenticidade e a universalidade do bem. No entanto, a partir de então, o critério da universalidade foi substituído pela representatividade.

Imaterial: a UNESCO definiu como Patrimônio Cultural Imaterial "as práticas, representações, expressões, conhecimentos e técnicas – junto com os instrumentos, objetos, artefatos e lugares culturais que lhes são associados – que as comunidades, os grupos e, em alguns casos, os indivíduos reconhecem como parte integrante do seu patrimônio cultural" (IPHAN).

recenseamos todos os tipos de "novos patrimônios" e declinamos "novos usos" do patrimônio. (HARTOG, 2006, p. 265)

Segundo esse autor, há uma produção acelerada, por todo o mundo, de novos patrimônios.

A maneira como a nossa sociedade lida com essa questão está diretamente relacionada com a maneira como experimenta a passagem do tempo. Tempo que começou a acelerar desde a Revolução Industrial.

6.4 SEQUÊNCIA DIDÁTICA: MONTANDO UMA MAQUETE

a. Atividade: as perdas na Revolução Industrial.

b. Objetivos: a proposta desta situação de aprendizagem é desenvolver nos alunos a compreensão do sentimento de perda relacionado aos discursos de preservação, além de possibilitar a vivência de enfrentar diferentes pontos de vista e relacionar a Revolução industrial ao processo de urbanização.

Ao confeccionar uma maquete de um campo/cidade que será "invadida" por fábricas, será possível para os alunos experimentar a noção de "perda" do bucólico e as transformações radicais causadas pela Revolução Industrial. Esperamos que eles consigam contextualizar processos histórica e geograficamente; compreender diferentes pontos de vista; estabelecer relações entre a Revolução Industrial e o processo de urbanização e crescimento demográfico.

c. Desenvolvimento:

Módulo 1: levantar o conhecimento prévio dos alunos sobre o que compreendem como sendo "patrimônio". Perguntar aos alunos se conhecem alguns patrimônios e o que consideram que deveria ser patrimônio. Após o levantamento, explicar que essa ideia de preservação está relacionada a sentimentos de perdas. Explicar para os alunos o processo da Revolução Industrial e as rupturas sofridas naquele momento.

Módulo 2: propor aos alunos que se dividam em dois grupos e explicar o que cada grupo vai fazer. Orientá-los os alunos para a confecção da maquete da cidade/campo e das fábricas. Sugerir que insiram na maquete uma construção medieval, como um castelo, por exemplo.

Para a confecção da maquete, sugerimos os seguintes materiais: pedaços de papelão, jornal, fita crepe, tinta guache verde, papel de cor verde, bucha vegetal, papel crepon de cores variadas, palitos (de fósforo, de dente, de sorvete), cartolina ou caixas (de papelão, de sapato etc.).

Para a base: cole ou grampeie dois pedaços de papelão do tamanho pretendido; envolva com papel jornal amassado formando o relevo desejado. Complete fazendo um acabamento com papel crepon, ou papel camurça.

Módulo 3: Após o término da atividade, cada grupo deverá expor para o outro o que realizou. Depois de exposto, orientar que o grupo que confeccionou as fábricas cole as fábricas na maquete da cidade/campo. Após a realização da proposta, conversar com os alunos sobre o impacto dessas fábricas na paisagem do lugar. Apontar para a diferença entre a construção medieval e as que serão construídas no futuro, com outras tecnologias e estilos arquitetônicos.

d. Avaliação: O professor poderá fazer observações quanto ao envolvimento dos alunos nas atividades além de solicitar que cada um expresse verbalmente suas impressões, também é possível solicitar aos alunos que elaborem textos sobre o impacto das transformações em um determinado contexto; no caso, foi a Revolução Industrial, mas poderia ser algum outro.

6.5 PARA FINALIZAR

Nesse texto foram apresentados alguns aspectos relacionados à questão do patrimônio. Vimos como a noção foi se construindo ao longo do tempo, associada a experiências de perdas.

No entanto, ao longo do tempo, as práticas de patrimonização também estiveram diretamente relacionadas à construção de identidades de nações ou de pequenos grupos. Assim, esse tema poderá ser trabalhado relacionado à questão da construção de identidades.

Outro debate atual importante em torno da problemática do patrimônio está relacionado ao "grau" de preservação. Como selecionar o que preservar? Deve-se preservar tudo? Também questiona-se sobre o preservar e "mumificar", e o preservar para utilizar. Um patrimônio pode ser utilizado para fins práticos ou deve servir apenas à contemplação? Essa é outra maneira de pensar sobre o tema. É possível discutir, com os alunos, em torno, por exemplo, de prédios da cidade, manifestações culturais, que sejam tombados ou que estão em processo de tombamento.

Finalizamos com algumas indicações de futuros caminhos...

Boa viagem!

6.6 SUGESTÕES DE LEITURA

Para aprofundar a temática do Patrimônio Histórico, indicamos:

LEMOS, C. A. C. **O que é patrimônio histórico.** São Paulo: Brasiliense, 1982.

CHOAY, F. **A alegoria do patrimônio.** São Paulo: Estação Liberdade/Unesp, 2001.

HARTOG, F. Tempo e patrimônio. In: **Varia História,** Belo Horizonte, v. 22, n. 36, p. 261—273, jul/dez 2006.

6.7 REFERÊNCIAS BIBLIOGRÁFICAS

ABREU, R.; CHAGAS, M. (orgs.) **Memória e patrimônio:** ensaios contemporâneos. Rio de Janeiro: DP&A, 2003.

ANDRADE, R. M. F. **Rodrigo e o Sphan: coletânea de textos sobre o patrimônio cultural.** Rio de Janeiro: Ministério da Cultura, 1987.

ARANTES, A. A. (org.). **Produzindo o passado.** Estratégias de construção do patrimônio cultural. São Paulo: Brasiliense, 1984.

CAMARGO, H. L. **Patrimônio histórico e cultural.** São Paulo: Aleph, 2002.

CHOAY, Françoise. **A alegoria do patrimônio.** São Paulo: Estação Liberdade/Unesp, 2001.

FONSECA, M. C. L. **O patrimônio em processo:** trajetória da política federal de preservação no Brasil. Rio de Janeiro: UFRJ/Iphan, 1997.

GARCIA CANCLINI, N. O patrimônio cultural e a construção imaginária do nacional. **Revista do Patrimônio Histórico Artístico Nacional,** n. 23, 1994.

GONÇALVES, J. R. S. **A retórica da perda:** os discursos do patrimônio cultural no Brasil. 2. ed. Rio de Janeiro: Editora UFRJ; MinC-Iphan, 2002.

HARTOG, F. "Tempo e patrimônio". In: **Varia História,** Belo Horizonte, vol. 22, n. 36: p. 261—273, jul./de. 2006

IPHAN. Instituto do Patrimônio Histórico e Artístico Nacional. Disponível em: <http://portal.iphan.gov.br>. Acesso em 19 mar. 2011.

LEMOS, C. A. C. **O que é patrimônio histórico.** São Paulo: Brasiliense, 1982.

RODRIGUES, M. "Preservar e consumir: o patrimônio histórico e o turismo" IN: FUNARI, P. P. e PINSKY, J. (orgs.). **Turismo e patrimônio cultural.** São Paulo: Contexto, 2003. p. 15–24.

RODRIGUES, M. Imagens do passado. **A instituição do patrimônio em São Paulo (1969-1987).** São Paulo: Unesp/ Imprensa Oficial do Estado/ Condephaat/Fapesp, 2000.

7

História e cidade

7.1 POR QUE AS CIDADES SE APRESENTAM COMO OBJETO DE ESTUDO?

Os estudos urbanos vêm, nos últimos anos, ganhando uma maior atenção por parte dos historiadores, não só pelo fato de que, ao estudar as cidades, é possível perpassarmos diversos períodos e acontecimentos históricos, mas, sobretudo, porque ao explorar esse tema é possível compreender sutilezas da realidade cotidiana e das vivências dos múltiplos atores que ali circularam (e circulam), compondo cenários baseados na "diversidade econômica, ambiental, cultural, urbanística, arquitetônica, política e social" (PAULA, 2006, p. 21).

Nota: além da História, diversas áreas estudam Cidades, tais como a Geografia, a Economia, a Arquitetura, a Engenharia, a Literatura, a Sociologia e a Antropologia.

Ao utilizarmos as cidades como eixo de estudo na História, aproximamos nossos alunos do caráter transdiciplinar desse tema. Podemos apresentar-lhes as concepções urbanas existentes na Grécia (retomando a cidade ideal pensada por Platão); a dicotomia campo–cidade oriunda na Antiguidade; a forma como as cidades e as relações se organizaram na Idade Média (passando pela ruralização da Europa e pelo período de crescimento das cidades); a cidade do capital e da industrialização (o papel das grandes cidades como Londres e Paris), perpassando as transformações urbanas nas cidades brasileiras (Rio de Janeiro, São Paulo, Belo Horizonte, Salvador); o papel do planejamento urbano; os conflitos oriundos das relações entre as diversas classes sociais. Ações que se desenharam em espaços geograficamente e territorialmente circunscritos que são as cidades, cenários facilitadores do processo de compreensão das condições sociais, econômicas e política em que vivem seus habitantes.

As cidades são objetos de estudos palpáveis, pois além de permitir que recuperemos a dimensão histórica do espaço, possibilita que os alunos, como indivíduos, reflitam sobre as transformações ocorridas nesses espaços, por meio de suas próprias impressões e experiências. Ao estudarmos determinados períodos da História brasileira, podemos passar da análise de textos à exploração do meio físico, possibilitando a observação do espaço e a arquitetura, a percepção das permanências e transformações, numa interação entre passado e presente.

Essa interação é possível, pois é nas cidades que realizamos nossas experiências, interações pessoais e onde desenvolvemos nossas relações sociais. Assim, ao estudá-las verificamos a forma como se constituíram, acompanhamos sua evolução e o impacto das transformações na vida de seus habitantes, os lugares dentro da cidade que separam os grupos sociais, as fronteiras e barreiras existentes (imaginárias ou não), os locais simbólicos para seus habitantes.

Se pedirmos para nossos alunos discorrerem sobre lugares simbólicos nos bairros e cidades onde residem, com certeza, eles terão um repertório sobre o assunto. A nós, professores, cabe decifrar os componentes que fizeram com que os alunos elegessem esses lugares, entender e dialogar com essas escolhas, buscando suas origens e significados – foram escolhas aleatórias? São compartilhadas por um grupo (família, escola, amigos)? São baseadas em afetividade ou por um evento específico?

Tais indagações visam ressaltar, para o aluno, esse sentimento de pertencimento em relação a um determinado lugar (buscando suas origens e histórico), mas também permitem que compreendam os mecanismos que conferiram simbolismo ao lugar, motivo que faz com que as cidades se transformem em objetos de estudos em sala de aula.

Cabe destacar que, ao estudarmos as cidades, podemos compreender melhor nosso papel de agentes sociais que transformam o espaço e por ele são transformados, refletindo assim, sobre nossas práticas e ações.

7.2 O QUE É UMA CIDADE?

A cidade nasceu a partir da junção de pequenos grupos que, embora unidos, jamais perderam suas características internas: a forma autônoma com que se organizaram, constituindo religião e costumes diversos. Segundo o historiador Fustel de Coulanges (1830-1889), por muitos séculos, a cidade antiga não funcionou como uma unidade centralizada do poder, sendo esse papel exercido pela família:

> [...] A cidade nada tinha a ver com quanto se passasse no seio de cada família: não era juiz do que por lá se passava e deixava ao pai o direito e o dever de julgar sua mulher, seu filho ou o seu cliente. Por essa razão, o direito privado, prefixado na época do isolamento das famílias, pôde durar nas cidades até muito mais tarde, sem se modificar. (FUSTEL DE COULANGES, 2004, p. 135)

Numa Denis Fustel de Coulanges: considerado um dos precursores da historiografia francesa moderna. Seu livro "A cidade antiga" é tido como um tratado sobre a civilização greco-romana, principalmente em relação à formação do Estado, às instituições e aos costumes.

Esse autor, ainda destaca que as designações *família, fratria, tribo e cidades* seriam não só nascidas umas das outras, mas análogas, podendo os indivíduos, dessas primeiras sociedades, participar de diferentes grupos desde que respeitassem os costumes dessas instâncias:

> Sabe-se pelos oradores áticos, como cada ateniense fazia, ao mesmo tempo, parte de quatro sociedades distintas: era membro de uma família, de uma fratria, de uma tribo e de uma cidade. Mas não entra em todas as quatro ao mesmo tempo e ao mesmo dia. (FUSTEL DE COULANGES, 2004, p.136)

Compreender o funcionamento das cidades (estrutura, organização, papel dos indivíduos etc.) implica perceber os mecanismos que permitiram a autorregulação das pessoas em

> **Costumes:** de acordo com o Dicionário Aurélio, são usos, hábitos ou práticas observados ao passo que a **Norma** é uma regra, um princípio.

grupo e, nas sociedades da Antiguidade, os costumes tinham esse papel, representando pactos de convivência a serem seguidos pelos integrantes de um mesmo grupo.

Ao final do século III d. C., com o surgimento do Direito, alguns costumes ganharam status de norma, abrangendo todos os membros das cidades, independentemente do grupo ao qual o indivíduo pertencesse. Ao falarmos de organização das cidades, necessariamente, passamos à observação das regras de convivência inter e entre grupos, o que pode gerar um interessante debate com nossos alunos, enfatizando a forma como diferentes sociedades se organizam cultural, social, econômica, política e juridicamente.

É comum encontrarmos, em muitos materiais didáticos, os conceitos *cidade* e *urbe* utilizados como sinônimos; no entanto, na Antiguidade eles designavam fenômenos diferentes: para que a urbe existisse, a cidade deveria estar constituída. O caráter da urbe seria essencialmente religioso, diferentemente da conotação que esses termos adquiriram em nossos dias:

> A cidade era a associação religiosa e política das famílias e das tribos; a urbe, o lugar de reunião, o domicílio e, sobretudo, o santuário desta sociedade. (FUSTEL DE COULANGES, 2004, p. 142)

A arquiteta Raquel Rolnik classificou as cidades como "fruto da imaginação e do trabalho articulado de muitos homens" (2009, p. 7-8); elas seriam obras coletivas que desafiariam a natureza. Essa característica das cidades permite que reflitamos sobre as condições de seu surgimento, associando elementos físicos de sua constituição intrinsecamente ligados à formação política de seus habitantes.

As cidades como formas administrativas, sociais e religiosas, surgiram a partir do processo de sedentarização humana, da dominação do homem sobre a natureza e da necessidade de organização da vida social, não sendo possível dissociar sua materialidade de sua constituição política. Rolnik ressaltou ainda o paralelismo existente entre as cidades e a escrita "impulsionados pelas necessidades de memorização, medida e gestão do trabalho coletivo" (ROLNIK, 2009, p. 16).

7.3 DA IDADE MÉDIA À CIDADE CONTEMPORÂNEA

Ainda que durante a Antiguidade fosse possível perceber uma oposição forte entre campo e cidade, foi somente ao longo da Idade Média que esses termos começaram a designar espaços completamente distintos: a imagem de cidade ligou-se à concepção de civilidade, ao passo que o campo se associou à ideia de rusticidade:

Os termos relacionados à cidade denotam a educação, a cultura, os bons costumes, a elegância: urbanidade vem do latim **urbs**; polidez, da polis grega. A Idade Média herda da Antiguidade latina, e reforça esse menosprezo pelo campo, sede do bárbaro, do rústico. Os camponeses são rudes (LE GOFF, 1998, p. 124).

Ao longo da Baixa Idade Média, as cidades tornaram-se grandes centros de negócios e de trocas, contribuíram para isso tanto o comércio marítimo como as feiras. O comércio permitiu a circulação de mercadorias, principalmente, entre o norte e o sul da Europa; já as feiras tornaram-se não somente locais de venda e troca de mercadorias, mas também serviam como espaços para obtenção de informações sobre o que estava acontecendo em outras localidades; tendo, assim, um papel próximo ao que hoje a imprensa desempenha: o de circulação de informações.

Um tipo de atividade que teve papel importante na cidade medieval, por exemplo, foi a construção civil. Esse tipo de atividade permitiu não só a difusão da ideia de sofisticação arquitetônica com castelo, igrejas e mosteiros cada vez maiores, mas a associação da tipologia física da construção (forma, materiais e desenho da casa) com o padrão de vida da aristocracia, burguesia e monarquia.

> [...] O surgimento da burguesia com seus hábitos de novos-ricos também foi importante, ampliando ainda mais o mercado de construção. Agiu no mesmo sentido a consolidação das monarquias, que resultava numa ampliação e sofisticação de suas cortes. (FRANCO JR., 1996, p. 53)

O período medieval enseja que abordemos necessariamente a forma como as relações sociais do trabalho se davam no campo e na cidade, o que possibilita a reflexão sobre as transformações ocorridas no mundo do trabalho desde então. A partir da Idade Média, é possível traçar uma linha do tempo que abarque as transformações ocorridas nas relações de trabalho, nas condições de vida, nos avanços e retrocessos do mercado de trabalho e suas instituições, relações que se desenvolvem e desenvolveram, tendo as cidades como pano de fundo.

A Idade Média, tanto por sua duração, como por diversos elementos presentes em sua organização social, permite que

---

ATENÇÃO

Optamos aqui pela cronologia utilizada por Hilário Franco Jr. (1994) em "A Idade Média: nascimento do Ocidente". Para esse autor, podemos dividir o período em quatro tempos:
• *A primeira Idade Média (princípios do século IV a meados do século VIII), caracterizada por três elementos históricos: Roma, os germanos e a Igreja;*
• *A Alta Idade Média (meados do século VIII ao século X), marcada pela expansão territorial cristã, pela consolidação do latim e pela crise do final do período;*
• *A Idade Média Central (séculos XI – XIII): período do feudalismo, das Cruzadas e da retomada do comércio;*
• *Por fim, a Baixa Idade Média (séc. XIV a meados do séc. XVI): período de transição para a Modernidade, representada pelos Descobrimentos, pelo Renascimento, pelo Protestantismo e pelo Absolutismo.*

> **ATENÇÃO**
>
> *Devemos ter cuidado ao trabalharmos a transição da Idade Média para o Renascimento, pois é comum encontrarmos esses períodos como sendo opostos. É importante desmistificar alguns conceitos que retratam a Idade Média, por exemplo, como "Idade das Trevas". Os renascentistas se opunham a alguns conceitos medievais, mas o rompimento entre esses período deu-se de forma gradativa e não de forma totalmente abrupta.*

possamos estudar vários aspectos dessa sociedade, tais como: a arte religiosa (por meio das pinturas do período); a música (por meio da distinção entre o sacro e o profano); a relação com o "divino" e com o mundo religioso, dominado e mediado pela igreja católica, além das diferenças existentes entre o período medieval e o Renascimento.

Também podemos analisar, no Brasil, a forma como se deu a constituição de suas cidades, a partir do estudo dos marcos zeros das cidades (local onde a cidade surge). No Brasil, normalmente os primeiros núcleos urbanos do período colonial foram marcados pela implantação de capelas, que tinham papel central na geografia desses núcleos. Foi a partir dessas capelas que as cidades cresceram e se estruturaram (MARICATO, 1997, p. 10). As marcas desse passado colonial são facilmente percebidas ainda hoje em cidades como Salvador, Rio de Janeiro ou Ouro Preto onde "os símbolos e significados do passado se interceptam com os do presente, construindo uma rede de significados móveis" (ROLNIK, 2009, p. 17).

Ao estudarmos as cidades, diversos aspectos de sua constituição podem ser abordados em diferentes temporalidades históricas: no plano físico (de transformação arquitetônica), no plano cultural (como se deram as práticas culturais das diversas sociedades e grupos), político (organização e forma de gestão da cidade), econômico (relações comerciais) e sociais (encontro entre grupos e classes sociais).

Os tipos de documentos que podemos utilizar para realizar essas análises são os mesmos dos quais dispomos para outras temáticas: textos, imagens, músicas, filmes. É importante compor um cenário que aproxime o aluno da realidade do momento estudado, inclusive com a adequação do vocabulário, quando necessário, dialogando com as representações, sentidos, conhecimentos e saberes que os alunos já possuem.

EXEMPLO 1

Todas as grandes cidades têm um ou vários "bairros de má fama" onde se concentra a classe operária. É certo ser frequente a miséria abrigar-se em vielas escondidas, embora próximas aos palácios dos ricos; mas, em geral, é-lhe designada uma área à parte, na qual, longe do olhar das classes mais afortunadas, deve safar-se, bem ou mal, sozinha. Na Inglaterra, esses "bairros de má fama" se estruturam mais ou menos da mesma forma como em todas as cidades: as piores casas da parte mais feia da cidade; quase sempre, uma longa fila de construções de tijolos, de um ou dois andares, eventualmente com porões habitados e em geral dispostas de maneira irregular. Essas pequenas casas de três ou quatro cômodos e cozinha chamam-se *cottages* e normalmente constituem em toda a Inglaterra, exceto em alguns bairros de Londres, a habitação da classe operária. Habitualmente, as ruas não são planas, as calçadas são sujas, tomadas por detritos vegetais e animais, sem esgotos ou canais de escoamento, cheias de charcos estagnados e fétidos. A ventilação na área é precária, dada a estrutura irregular do bairro e, como nesses espaços restritos vivem muitas pessoas, é fácil imaginar a qualidade do ar que se respira nessas zonas operárias – onde, ademais, quando faz bom tempo, as ruas servem aos varais que, estendidos de uma casa a outra, são usados para secar roupas.

ENGELS, Friedrich. *A situação da classe trabalhadora na Inglaterra*. São Paulo: Ed. Boitempo, 2008, p. 70.

O texto acima foi produzido por Engels (1820-1895), quando de sua passagem por Londres, no século XIX. Ele caracteriza, de forma geral, os bairros operários ingleses desse período. Por meio de sua leitura, é possível identificar como eram esses bairros, suas casas, as ruas, mas também a distância existente entre os bairros operários e os bairros ricos.

A partir da descrição das condições de moradia, do início da industrialização inglesa, podemos problematizar com os alunos as condições de vida e de trabalho dos operários ingleses, dialogando com o mundo atual, percebendo as permanências e transformações na vida dos trabalhadores, a partir da Idade Média, por exemplo, mas o texto serve de mote para discutirmos a Revolução Industrial, seus impactos e transformações.

7.4 LER E ENTENDER A CIDADE

As fachadas das casas, o material utilizado em sua construção, o que está em seu entorno, sua localização na cidade, são elementos que permitem que dialoguemos com as experiências e com o mundo daqueles que construíram esses lugares.

Olhar a cidade e observar o habitat implica pensar as intenções de seus construtores e habitantes, conhecer e entender as transformações que ocorreram ao longo do tempo nesses espaços e os motivos dessas mudanças.

É interessante estudar os bairros mais antigos de uma cidade, pois estes possibilitam aos alunos a percepção, de forma geral, das transformações que a cidade sofreu, de seu processo de modernização, convivência entre diferentes tempos históricos (se isso foi conflituoso, sendo a memória apagada ou se os tempos convivem pacificamente) etc. Essas observações podem ser feitas por meio da arquitetura: pelo estilo das casas, pelo traçado das ruas; mas também pela população que ali reside (idosos, jovens, perfil cultural) e mesmo pelo que se optou em preservar (igrejas, antigas residências etc.).

EXEMPLO 2

Nota: o trabalho com fotografia pode ser interessante se também for realizado pelos próprios alunos, identificando na cidade ou no bairro os espaços que se transformaram e seus atuais usos.

Figura 7.1 Bairro Belenzinho. Foto de Regina Oliveira, 2007.

Essa foto retrata uma rua de um antigo bairro industrial da cidade de São Paulo, o bairro Belenzinho. Nela, podemos perceber diversos elementos da paisagem, tais como: um antigo casarão ainda preservado, ao lado de uma habitação coletiva (um cortiço) e um espaço fabril. Ainda que, hoje, essas habitações estejam em um mesmo espaço, elas, originariamente, localizavam-se em espaços distintos no bairro, separadas por barreiras invisíveis, mas materializadas no espaço: o casarão era o espaço de moradia da classe mais abastada, ao passo que a moradia popular (o cortiço) destinava-se aos mais pobres. Assim como o espaço fabril também tinha o seu lugar definido.

É interessante percebermos por que determinadas construções imponentes em um período esvaziam-se desse significado em outros, passando a ser ressignificadas por outros grupos sociais, muitas vezes diversos de seus primeiros grupos. Podemos, por exemplo, pensar em bairros que, em um determinado momento histórico, foram ocupados pela elite de uma cidade, sendo posteriormente, abandonados por este grupo e, então, ocupado por pessoas de renda mais baixa.

A cidade preserva em suas formas uma parte da história e, talvez por esse caráter, quando falamos de preservação, muitas vezes, as pessoas a associam à conservação de bens arquitetônicos.

Por fim, gostaríamos de destacar o que apontou Baudelaire sobre a forma das cidades, para ele, a cidade mudaria mais depressa "que o coração de um mortal". Sendo assim, as permanências existentes no espaço físico são passíveis de exploração. Se, na Idade Média, a cidade era separada pelas muralhas, a conexão fora desse espaço permanece por meio da articulação entre centro – cidade – bairro – periferia, palavras que provavelmente não causam estranhamento nem em nós, nem em nossos alunos.

7.5 SEQUÊNCIA DIDÁTICA: OBSERVANDO AS TRANSFORMAÇÕES DA CIDADE

a. Atividade: viagens pela cidade .

b. Objetivo: construir referenciais para que os alunos possam pensar as modificações ocorridas nas cidades, refletindo sobre as permanências e transformações desses espaços. Espera-se que os alunos realizem as conexões com os processos históricos dessas mudanças e seus impactos na vida de seus habitantes, nos seus aspectos social, econômico e cultural.

c. Desenvolvimento:

Módulo 1: apresentar aos alunos imagens de grandes centros urbanos, tais como São Paulo, Tóquio, Nova York, Cidade do México, Mumbai, solicitando que pesquisem informações sobre esses centros nos últimos 30 anos.

O objetivo dessa primeira etapa é permitir que os alunos levantem informações que subsidiem a construção de um painel de transformações sofridas por essas cidades.

Os grupos podem ser formados de três formas:
- A partir da escolha dos alunos pelas cidades.
- Por meio do agrupamento por interesse específico, baseado em aspectos como economia, cultura,

---

Preservação: de acordo com o Dicionário Aurélio, o ato de preservar significa "livrar-se de algum mal ou dano. Livrar-se, resguardar-se". É interessante pensarmos que, quando se fala em preservação de um bem arquitetônico se considera a importância de se manter o bem funcionando de acordo com o seu uso original. O que desperta uma série de questionamentos, por exemplo: como manter os usos originários dos casarios do Pelourinho, em Salvador?

Nota: optamos por essas cidades por serem consideradas megalópole (regiões de intenso desenvolvimento urbano, onde praticamente inexistem áreas rurais), porém podem ser utilizados diversos exemplos. A questão temporal foi demarcada em função do tipo de transformação que se quer enfatizar, possibilitando o diálogo com os referenciais dos alunos.

demografia, geografia, questões sociais, arquitetura e gastronomia, entre outros.

- De forma aleatória, a partir de escolhas de papéis que contenham nome da cidade e aspecto a ser pesquisado.

Nota: nessa opção, ao agregarmos os grupos, os participantes devem escolher as informações que farão parte da pesquisa, evitando as repetidas. Cada membro do grupo deve pesquisar um aspecto específico.

Módulo 2: a partir das informações levantadas, os participantes devem compor painéis com as transformações ocorridas nessas cidades. O objetivo é que cada grupo construa um portfólio sobre a cidade. Os alunos podem elaborar um "folheto" para viagem que contenha aspectos não difundidos dessas cidades, mas que permitam compreender sua história, processo de ocupação, elementos importantes da cultura, sociedade, economia, atrações turísticas (por que não?), observando as transformações sofridas pela cidade no período de 30 anos.

Módulo 3: o professor pode organizar as apresentações dos grupos, de forma a garantir que as cidades mais antigas sejam apresentadas primeiro, formando um quadro cronológico de apresentações por cidades.

A cada apresentação, o professor pode fazer intervenções, destacando informações relevantes ou que não tenham aparecido nas apresentações. Pretende-se que todos os alunos registrem, dessa forma, as anotações sobre cada cidade pesquisada.

Módulo 4: o professor pode solicitar à classe que, após cada apresentação, sejam dadas notas para o grupo. Essas notas podem considerar a importância das informações trazidas, a clareza na apresentação e a estética dos cartazes/folhetos, ente outros. Esses conceitos podem ser trabalhados anteriormente com os alunos, acrescentando-se aspectos que sejam estabelecidos conjuntamente com os alunos. Ao final, pode-se fazer um ranking das apresentações, com base no conjunto das notas que cada grupo obteve.

Módulo 5: após o conjunto de apresentações, faça uma rodada de conversas para levantar as impressões gerais sobre a temática, voltada ao levantamento da percepção sobre o papel das cidades. Pode-se discutir a relação entre o meio urbano e o rural, verificar a forma com que esses lugares se relacionam, compreendendo-se as percepções dos alunos sobre as relações econômicas e sociais desenvolvida nas cidades, bem como as diferenças entre elas.

d. Avaliação: a pesquisa sobre cidades permite que o professor aborde diversos aspectos da vida social, fazendo conexões entre esses conteúdos. No entanto, é fundamental que os aspectos de maior relevância sejam previamente selecionados pelo condutor da atividade, pois assim, as possibilidades de diálogo com o resultado das pesquisas dos alunos serão mais ricas. Outro aspecto a ser ressaltado é a questão cultural. Normalmente, os alunos têm alguns conceitos preestabelecidos a partir de próprias vivências. Deve-se focar as práticas culturais diferentes de nossa sociedade, buscando contextualizá-las. O professor deve estar atento a esse fator, estimulando debates cujo enfoque seja a diversidade e a pluralidade culturais.

7.6 PARA FINALIZAR

A atividade aqui proposta pode ser realizada com alunos de todos os anos do Ensino Fundamental II (do 6º ao 9º ano). O que varia para cada série é o aprofundamento da pesquisa.

Com alunos dos 6º e 7º anos, pode-se trabalhar com a construção de maquetes versando sobre as sociedades da Antiguidade (Grécia e Roma) ou mesmo sobre a Idade Média. Com alunos do 9º ano, pode-se optar por explorar a realidade nacional ou regional.

É possível também, trabalhar as diferenças entre campo e cidade, verificando-se os aspectos mais relevantes na diferenciação desses espaços. Em localidades onde existam museus próximos à escola, pode-se explorar a questão da arte, inclusive, trabalhando com professores dessa área. A arte urbana (grafite, pichações ou intervenções que tenham a cidade como mote) pode ser muito interessante.

Ao utilizarmos filmes e literatura, possibilitamos o contato do aluno, com diferentes linguagens, enriquecendo seu repertório. A cidade se apresenta como possibilidade múltipla de estudo, na medida em que é um local onde ocorrem as práticas sociais.

A cidade é um espaço real, cabe ao professor selecionar os aspectos dessa realidade que deseja trabalhar, potencializando o aprendizado para além da sala de aula, conectando os tempos históricos.

7.7 SUGESTÕES DE LEITURA

A seguir são relacionadas algumas sugestões interessantes de leituras sobre o tema:

FUSTEL DE COULANGES, N. D. **A cidade antiga.** 5. ed. São Paulo: Martins Fontes, 2004.

FRANCO JR., H. **A idade média:** nascimento do Ocidente. 5. ed. São Paulo: Brasiliense, 1996.

LE GOFF, J. **Por amor às cidades.** São Paulo: Fundação Editora da Unesp, 1998.

MARICATO, E. Habitação e Cidade. São Paulo: Atual, 1997. (Espaço & debates).

ROLNIK, R. **O que é cidade.** 6. ed., São Paulo: Brasiliense, 2009 (Coleção Primeiros Passos).

7.8 REFERÊNCIAS BIBLIOGRÁFICAS

BENEVOLO, L. **História da cidade.** 2. ed. São Paulo: Perspectiva, 1993.

DUBY, G. **Ano 1000 Ano 2000:** na pista de nossos medos. São Paulo: Imprensa Oficial/Unesp, 1999.

ENGELS, F. **A situação da classe trabalhadora na Inglaterra.** São Paulo: Ed. Boitempo, 2008.

FRANCO JR., H. **A idade média:** nascimento do Ocidente. 5. ed. São Paulo: Brasiliense, 1996.

FUSTEL DE COULANGES, N. D. **A cidade antiga.** 5. ed. São Paulo: Martins Fontes, 2004.

LE GOFF, J. **Por amor às cidades.** São Paulo: Fundação Editora da Unesp, 1998.

MARICATO, E. **Habitação e Cidade**. São Paulo: Atual, 1997. (Espaço & debates).

MUMFORD, L. **A cidade na história:** suas origens, transformações e perspectivas. 3. ed. São Paulo: Martins Fontes, 1991.

OLIVEIRA, R.S. **Aproximações entre experiências de habitação popular no bairro Belenzinho (SP): Mutirão do Casarão e Vila Maria Zélia – Memória e Segregação**. Dissertação (Mestrado). Departamento de História, IFCH, Unicamp, Campinas, 2007.

PAULA, J. A. As cidades In: BRANDÃO, C.A.L. (org.) **As cidades da cidade**. Belo Horizonte: Editora UFMG, 2006. p. 21-33.

ROLNIK, R. **O que é cidade.** 6. ed. São Paulo: Brasiliense, 2009 (Coleção Primeiros Passos).

8

História e pontos de vista

"Este é o meu ponto de vista". Quantas vezes falamos ou ouvimos essa frase? O que significa "meu ponto de vista"? Quem fala isso parece querer defender o direito de expressar uma opinião a respeito de algo. Mas, também pode estar querendo chamar a atenção para a limitação de suas ideias: é *apenas* meu ponto de vista.

No campo da História, a questão do ponto de vista é fundamental e está no centro de uma série de debates. No ensino, tanto de história, como de outras disciplinas, reconhecer e respeitar pontos de vista é uma habilidade a ser desenvolvida. No processo de formação de cidadãos, é fundamental que se saiba respeitar os diferentes pontos de vista.

Vamos ver aqui como aparece essa questão no campo historiográfico.

8.1 MUDANÇAS DE PONTO DE VISTA NA ESCRITA DA HISTÓRIA

Por que estudamos a história dos Estados Unidos com mais detalhes do que a história do Paraguai, ou a história da África? Por que sabemos mais a respeito da história da França do que da história de Portugal? Por que somente recentemente tem havido mais interesse em estudar a história indígena no Brasil? Por que o "início" da história do Brasil está em 1500? Por que, ultimamente, têm sido valorizadas as histórias da África? São perguntas que nos apontam para sujeitos que, ao longo do tempo, contribuíram para definir os pontos de vista das histórias que consumimos.

Ainda adotamos nas nossas escolas pontos de vista eurocêntricos. Ainda seguimos uma cronologia de acontecimentos e fatos que compõem uma História dominante, e, no nosso caso, centrada na Europa e Estados Unidos.

> Eurocêntrico: refere-se a uma abordagem centrada no ponto de vista europeu.

Um dos aspectos da abordagem criticada pela Escola dos Annales era exatamente uma visão elitista da História. Nessa História, os povos não europeus não ocupam um papel importante, de acordo com Henk Wesseling:

> [...] na estrutura da história geral, os povos não europeus não desempenharam nenhum papel. Eram considerados povos sem história (Hegel) ou povos de imobilização eterna (Ranke). À parte as civilizações antigas tradicionais, eles só vinham à luz no momento em que se submetiam ou eram conquistados pelos europeus. (apud BURKE, 1992, p.101)

Ou seja, ao longo de muito tempo a História consumida em vários países tem sido a História escrita do ponto de vista dos europeus: os fatos e acontecimentos considerados importantes na trajetória da "civilização" branca ocidental a partir de um ponto de vista também desenvolvimentista. No entanto, vários questionamentos levaram a mudanças nesse ponto de vista.

Uma das características da chamada Nova História, movimento historiográfico francês que influenciou as novas maneiras de escrever e pensar o passado, é o questionamento de um único ponto de vista neste processo (Cf. BURKE, 1992). Enquanto a "Velha História" era eurocêntrica, masculinizada e elitista, a Nova História propõe novos pontos de vista: história das mulheres, história vista de baixo, história do corpo, dentre outras, como foi visto em capítulos anteriores.

No livro *A escrita da história: novas perspectivas*, organizado pelo historiador Peter Burke, foi inserida uma série de capítulos que tematiza diferentes novos pontos de vista, a partir dos quais estão sendo escritas as várias histórias. A história vista de baixo, ou seja, do ponto de vista dos indivíduos "comuns", a história do ponto de vista das mulheres, a história do ponto de vista dos países não dominantes, são alguns pontos de vista propostos.

Em relação à história do ponto de vista das mulheres, Joan Scott enfatiza as mudanças geradas: não apenas o ponto de vista muda, mas mudam também os questionamentos, as fontes e isso abre muitas novas possibilidades que abalam os padrões anteriores. De acordo com ela,

[...] reivindicar a importância das mulheres na história significa necessariamente ir contra as definições de história e seus agentes já estabelecidos como "verdadeiros" [...] isso é lutar contra padrões consolidados por comparações nunca estabelecidas por pontos de vista jamais expressos como tais. (apud BURKE, 1992, p.78)

A velha história de países não europeus, escrita pelos europeus sobre suas conquistas coloniais, foi extremamente abalada com o processo de descolonização e a emergência de vozes independentes, principalmente após a Segunda Guerra Mundial. Inicialmente, surgiu uma série de pesquisas na Ásia e África para, depois, esses países desenvolverem uma história própria não tutelada pelo colonialismo. De acordo com Henk Wesseling, os

...países não europeus descobriram o seu próprio passado e apresentaram sua própria interpretação dele [...] Hoje em dia todo mundo aceita que os africanos e os asiáticos possuem sua própria história, tão rica e interessante quanto a da Europa. (apud BURKE, 1992, p.104)

A história "vista de baixo", como foi chamada, desloca o foco das narrativas e inverte os olhares. Muitos trabalhos interessantes foram desenvolvidos a partir desse ponto de vista. Dentre eles, surgiram as possibilidades de investigar as guerras não pelas grandes batalhas, mas a partir da experiência dos soldados. E, novamente, mais uma porta de possibilidades abre-se para conhecer a experiência do homem no tempo.

Durante as duas últimas décadas, vários historiadores, trabalhando em uma ampla variedade de períodos, países e

tipos de história, conscientizaram-se do potencial de explorar novas perspectivas do passado (...) e sentiram-se atraídos pela ideia de explorar a história do ponto de vista do soldado raso e não o do grande comandante. (BURKE, 1992, p.40)

PERGUNTAS DE UM TRABALHADOR QUE LÊ (BERTOLD BRECTH)

Quem construiu Tebas, a das sete portas?
Constam nos livros o nome dos reis.
Terão os reis arrastado os blocos de pedra?

E a Babilônia, tantas vezes arrasada,
- quem, tantas vezes, a reconstruiu?
[...]
O jovem Alexandre conquistou a Índia sozinho?
César, vencendo os gauleses, não levaria consigo ao menos um cozinheiro?
[...]

BRECHT, Bertolt. *Poemas e canções*. Rio de Janeiro: Civilização Brasileira, 1966, p.75"

Bertolt Brecht, em seu poema, traz questionamentos que apontam para outros personagens das histórias e outros pontos de vista. Vários historiadores passaram a construir questionamentos sobre os "desconhecidos" do passado. Um clássico da historiografia, por exemplo, *O queijo e os vermes, o cotidiano e as ideias de um moleiro perseguido pela Inquisição*, escrito por Carlo Ginzburg em 1976, investiga a sociedade medieval a partir das concepções de mundo de um simples ceramista criativo condenado pela Inquisição. Várias outras análises historiográficas propõem abordagens a partir do ponto de vista de personagens "comuns", tais como *O retorno de Martin Guerre*, escrito pela historiadora Natalie Zemon Davis em 1983, e *Montaillou, cátaros e católicos numa aldeia Occitana 1294-1324*, escrito por Emmanuel Le Roy Ladurie em 1975.

Mas, a questão não para por aqui. A multiplicidade de pontos de vista e de subjetividades já deu muito pano para muitas mangas nos debates acadêmicos.

8.2 PONTO DE VISTA: SUBJETIVIDADE E *LUGAR*

Quando falamos em ponto de vista, estamos nos referindo a um lugar a partir do qual determinado sujeito observa. Assim, há dois aspectos importantes: o *lugar* e o *sujeito*. Onde e quem. Ou seja, de que lugar alguém vê, fala ou expressa algo. Inicialmente, vejamos um pouco mais a respeito do "sujeito" e, em seguida, a questão do lugar. Esses dois elementos são importantes nos debates historiográficos.

Um dos aspectos criticados pela Nova História do paradigma tradicional é o fato de considerar possível que a História seja objetiva. É famosa a frase atribuída a Leopold von Ranke que dizia ser necessário escrever sobre os fatos "como eles realmente aconteceram". Acreditava-se, a partir desse paradigma tradicional, que fosse possível escrever a História de maneira objetiva, sem interferências de pontos de vista subjetivos.

Hoje em dia, como escreve Peter Burke, "... este ideal é, em geral, considerado irrealista", pois, por mais que se esforce em superar as próprias visões e preconceitos sobre sexo, raça, religião, classe social,

> *[...] as nossas mentes não refletem diretamente a realidade. Só percebemos o mundo através de uma estrutura de convenções, esquemas e estereótipos, um entrelaçamento que varia de uma cultura para outra.* (BURKE, 1992, p.15)

Qualquer pessoa constrói a sua observação do mundo a partir da sua própria experiência de vida. Nesse sentido, o trabalho do historiador está carregado de subjetividades. Os documentos denotam a visão daquele que produziu e, o historiador, ao fazer perguntas sobre esse documento, denota preocupações próprias da sua subjetividade.

Paul Veyne, em seu livro *Como se escreve a história*, alerta para o fato de que a história é uma narrativa e está sujeita às suas regras. Além disso, as narrativas podem ser escritas a partir de diferentes pontos de vista. Como ele escreve:

> *...Waterloo não foi a mesma coisa para um soldado e um marechal, [...] é possível narrar essa batalha na primeira ou na terceira pessoa, referir-se a ela como uma batalha, como uma vitória inglesa ou uma derrota francesa...* (VEYNE, 1982, p.12)

O trabalho do historiador, nos alerta Veyne, é realizado a partir de "indícios", de fontes, de documentos, raramente a partir de uma observação direta. Não se está lá vendo, ao vivo e em cores, os acontecimentos para poder escrever sua história. No entanto, mesmo a presença física não elimina a subjetividade. O observador, mesmo direto, é um sujeito que tem seus pontos de vista e interpretações.

Ainda que eu tivesse sido contemporâneo e testemunha de Waterloo, ainda que tivesse sido seu principal ator, Napoleão em pessoa, teria apenas uma perspectiva sobre o que os historiadores chamarão o evento Waterloo [...] Mesmo que eu tivesse sido Bismark ao tomar a decisão de despachar o telegrama de Ems, minha própria interpretação dos acontecimentos não seria, talvez, a mesma que a de meus amigos, do meu confessor, do meu historiador [...] (VEYNE, 1982, p.12).

A testemunha ocular não deixa de ter o seu ponto de vista e sua interpretação "limitada" sobre aquilo que presencia. Ou seja, em nenhuma circunstância conseguimos desconsiderar o sujeito que vê e narra, o momento em que faz isso e a época. Um indivíduo sempre observará o seu objeto a partir da sua subjetividade, a partir do seu ponto de vista.

No entanto, esse "limite" não necessariamente é um problema. Muitas vezes, a subjetividade acaba transformando-se em um privilégio da visão, pois determinado indivíduo poderá fazer análises, propor questionamentos, levantar hipóteses porque ocupa determinado lugar, porque teve determinadas experiências de vida, determinada formação, porque tem determinado temperamento. O que compõe a sua própria subjetividade, e não a de outro, pode fazer com que enxergue o que o outro não poderia ver.

Assim, a subjetividade, no trabalho do historiador, deixou de ser um problema e passou a ser parte do processo historiográfico. Peter Gay, por exemplo, em seu livro *O estilo na história* demonstra a importância da subjetividade, refletida no "estilo" de cada historiador, para o processo de construção da narrativa e das interpretações historiográficas.

Para este autor, a malícia de Edward Gibbon, autor do clássico *Declínio e queda do Império Romano*,

> *[...] mostra sua insensibilidade ao sentimento oceânico pela pureza das motivações. Mas sua visão irônica habilitou-o*

a entender as maquinações fraudulentas dos políticos romanos e a humaníssima mesquinharia dos Pais da Igreja. (GAY, 1990, p.180)

Sobre Leopold von Ranke, o ícone do positivismo, Peter Gay argumenta que sua subjetividade, ou seja, "sua visão dramática permitiu-lhe uma avaliação inédita dos confrontos complexos entre as grandes potências" (GAY, 1990, p.180).

A visão otimista [de Macaulay] permitiu-lhe abandonar a nostalgia que obstruía a visão de outros e valorizar, sem constrangimentos, as melhorias na vida social, cultural e econômica da Inglaterra. (GAY, 1990, p.181)

Peter Gay identifica, nos autores analisados, os traços de personalidade que foram fundamentais para suas interpretações inéditas. A visão irônica de Gibbon, a visão dramática de Ranke, a visão otimista de Macaulay. Ou seja, o autor nos mostra que a subjetividade não é um limite, mas uma ferramenta de análise.

Apesar da reabilitação da subjetividade na narrativa historiográfica, essa subjetividade não prescinde de um "saber fazer" que é parte do próprio ofício do historiador. O ponto de vista de um historiador é construído a partir de uma formação específica nesse campo de saber. Qualquer ponto de vista é construído a partir de um *lugar*.

Quando ouvimos uma crítica ou um conselho de alguém, muitas vezes pensamos ou perguntamos: quem é você para falar? Nessa pergunta está subentendido que queremos saber de que *lugar* você fala, qual é a sua posição para falar algo. O que é dito não é dito apenas por palavras, mas também pelo lugar do discurso, pelo lugar que ocupa aquele que profere a fala.

Se alguém te fala: "você precisa comer menos sal", dependendo da pessoa que anuncia, isso vai ter um peso diferente. Se for uma amiga, um irmão, a mãe, ou o seu médico, com certeza, pode ser a mesma frase, mas o conteúdo será diferente tendo em vista que cada um que tem um tipo de legitimidade. O médico tem a sua legitimidade no que diz respeito à saúde, tendo em vista que tem uma formação específica para isso.

Dessa forma, dependendo da posição, do lugar da fala, o ponto de vista terá mais ou menos legitimidade. No caso dos historiadores, a sua legitimidade, ou o seu lugar social foi construído ao longo do tempo.

De acordo com Michel de Certeau, a disciplina História desenvolveu uma série de práticas específicas que foi construindo a sua legitimidade. Ou seja, o que chamamos de disciplina História, e os seus métodos de investigação, tem também a sua própria história e o seu ponto de vista:

> *De forma mais geral, um texto 'histórico' (ou seja, uma nova interpretação, o exercício de métodos próprios, a elaboração de outras pertinências, um deslocamento na definição e no uso do documento, um modo de organização característico etc.) enuncia uma operação que se situa no interior de um conjunto de práticas.* (CERTEAU, 1988, p.23)

No caso do discurso histórico, convenções foram construídas ao longo do tempo para que fosse percebido como o lugar da verdade do passado. A configuração, no entanto, dessa percepção da História é resultado de um processo histórico:

> *[...] no começo do século XIX, tornou-se convencional, pelo menos para os historiadores, identificar a verdade com o fato [...] A história passou a ser contraposta à ficção e, sobretudo ao romance, como a representação do "real" em contraste com a representação do "possível" ou apenas "imaginável". E assim nasceu o sonho de um discurso histórico que consiste tão somente nas afirmações factualmente exatas sobre o domínio de eventos que eram (ou foram) observáveis em princípio, cujo arranjo na ordem de sua ocorrência original lhes permitisse determinar com clareza o seu verdadeiro sentido ou significação.* (WHITE, 2001, p.139)

O ponto de vista de um historiador, a respeito do passado, é carregado de uma legitimidade construída a partir dos seus métodos e procedimentos. Outras áreas de conhecimento também construíram as suas legitimidades e pontos de vista ao longo do tempo.

8.3 PONTO DE VISTA JORNALÍSTICO: O DOCUMENTÁRIO E A COLUNA PRESTES

Como vimos até aqui, a questão das subjetividades e construções de pontos de vista é complexa e bastante debatida no campo historiográfico. No entanto, encontraremos cotidianamente pessoas que acreditam apenas no seu próprio ponto de vista e que descartam pontos de vistas diferentes.

Além disso, consumimos constantemente informações provenientes de meios de comunicação que, para construírem legitimidades e afirmarem sua preponderância, lançam mão de mecanismos que visam construir verdades que omitem as subjetividades. Esses exemplos podem ser observados em jornais impressos, em jornais televisivos, em documentários, em filmes etc.

O documentário *O velho, a história de Luiz Carlos Prestes*, dirigido por Toni Venturi e lançado em 1997, narra a trajetória de 70 anos da vida do biografado. Esse filme é interessante para debater a questão de diferentes pontos de vista e como isso pode ser usado como ferramenta argumentativa no meio audiovisual. O documentário adota mecanismos tais como a narração, imagens de arquivo e depoentes para construir seus argumentos.

Em várias partes desse documentário, as técnicas de construção de um ponto de vista "legítimo" são baseadas em discursos jornalísticos. Uma técnica comum nos meios de comunicação é construir uma suposta neutralidade mostrando "os dois lados" da moeda. Ou seja, apresentam "um lado" e o "outro lado" e, com isso, o leitor/espectador, tem a impressão de que conhece "todos" os lados. Muitas vezes, esse processo, aparentemente democrático porque parece dar "voz" a todos os lados, mascara um discurso extremamente tendencioso e maliciosamente manipulado. Afinal, você pode escolher a quem "dar a voz" e como apresentar essa voz. Nada é neutro, em nenhum discurso.

A oposição de depoentes é uma estratégia dramatúrgica de acordo com o próprio roteirista d'*O Velho*, Di Moretti em entrevista: "Quando eu te falei que na Coluna Prestes tinha alguém para falar bem e alguém para falar mal, isso é dramaturgia" (DI MORETTI, apud FONSECA, 2008, p.91). O roteirista conta um pouco como foi esse processo de escolha dos depoentes:

> ... *a gente entrevistou o historiador Nelson Werneck Sodré, no Rio, para falar da marcha da Coluna. Ah, mas tem uma jornalista no sul, a Eliane Brum, que escreveu um livro dizendo que a marcha da coluna não foi tão legal assim. Que os caras chegavam, estupravam, roubavam, então, vamos colocar a Eliane Brum para falar da coluna.* (DI MORETTI, apud FONSECA, 2008, p.93)

Ou seja, o documentário cria oposições de pontos de vista a respeito de um mesmo assunto. No entanto, ao opor "dois" pontos de vistas diferentes, e aparentemente opostos, isso também constrói o ponto de vista do próprio documentário que pretendia mostrar uma interpretação de Luiz Carlos Prestes não mitificada, como podemos observar pelas declarações do diretor, Toni Venturi:

> A minha opinião, no decorrer do processo, foi mudando, bastante. Porque uma coisa é a ideia que você tem através dos livros, através de um contato pessoal. Porque Prestes é o grande mito da esquerda da nossa história. E é claro que isso exercia em mim um fascínio. À medida em que você vai entrando na história do personagem, aprofundando, verticalizando ela, obviamente você vai descobrindo o lado humano dele. (TONI VENTURI, apud FONSECA, 2008, p.79)

O documentário citado é um bom exemplo para analisar a questão dos diferentes pontos de vista sobre um mesmo assunto. Nele, aparecem os diferentes pontos de vista dos entrevistados e também o ponto de vista do próprio documentário. Assim, propomos abaixo uma sequência didática para que os alunos possam discutir a questão.

Mas, antes disso, vejamos um pouco mais como o documentário constrói o tema da Coluna Prestes.

O narrador do filme inicia o debate pontuando a sua versão: a Coluna ainda gera polêmica e "...deixa em seu rastro lembranças amargas". As "lembranças amargas" serão o foco do debate.

É inserido, inicialmente, o depoimento de Eliane Brum, informando que a Coluna percorria lugares inóspitos. Em seguida, em um movimento de panorâmica, vemos uma foto de alguns homens da Coluna e ouvimos Eliane Brum contando:

> Então, de repente aparecia aquele monte de homens, eles me diziam assim: 'aparecia aquele povo esquisito, de fala arrevesada, que não sei o que estava fazendo aqui, que fazia uma bagaceira danada, comia a criação, prendia os donos, eu não sei o que eles vieram saber. Só Deus que deve saber'. Então, essa era a impressão. De repente aparecia aquele monte de gente, comendo, precisando comer, num lugar onde a comida não era suficiente, precisando vestir, 'precisando' de mulher, e, eles viram a coluna, a maioria viu a coluna como uma tropa de ocupação. (BRUM apud VENTURI, 1997, Time: 0:14:46 a 0:15:21)

Quando ela fala "...só Deus deve saber" volta para sua imagem até o fim da fala. Em seguida, corta para a imagem de uma foto de Prestes jovem e o som de sua voz dizendo que "o povo fugia para o mato". Vemos a imagem de Prestes, e a continuação de sua fala:

> ...e isso era um mal porque quando a cidade estava completamente abandonada, não era possível uma vigilância para impedir o saque, impedir que entrassem nas casas comerciais etc. Estava tudo abandonado, de maneira que isso era inviável. Mas quando tinha população, a população era respeitada, nos recebia bem, facilitava tudo, fornecia mesmo víveres, alimentos e etc. De maneira que as relações eram realmente muito boas. (PRESTES apud VENTURI, 1997, Time: 0:15:29 a 0:15:51)

Há aqui uma oposição. Ao mesmo em tempo que Brum informa que a maioria via a Coluna como uma tropa de ocupação, Prestes diz que era bem recebido. Da maneira como são encadeadas as duas falas, cria-se uma suspeita sobre a fala de Prestes, pois fala em causa própria. O depoimento seguinte de Brum ajuda a confirmar essa impressão: ela fala de um caso em que um camponês teve sua mulher estuprada por alguém da Coluna. Para se vingar, ele entrou na Coluna, matou o estuprador e virou matador, morrendo na prisão.

Em seguida, Luiz Carlos Prestes Filho fala que o homem que estuprasse uma mulher era fuzilado. O que parece não ser confirmado pela fala anterior visto que foi necessário que o camponês entrasse na Coluna para se vingar. Ele continua dizendo que ocorriam violências e que não era possível para o comandante controlar a todos. Essa fala soa como uma desculpa fora de hora, que tira de Prestes a responsabilidade pelas violências ocorridas.

O depoimento de Eliane Brum ganha uma força muito grande, primeiro, em função do próprio conteúdo da sua fala: violência, estupro, injustiça. Os espectadores tendem a tomar as dores dos injustiçados. Além disso, a pessoa que vai tomar as dores do lado oposto não tem autoridade para fazê-lo: é o filho falando sobre algo em que o pai estava envolvido, ou o próprio envolvido. No embate criado, o espectador é levado a ficar "do lado" de Eliane Brum e a considerar o discurso do filho bastante parcial.

A maneira como esse trecho foi montado não nos leva a compreender que esses podem ser dois lados de um mesmo acontecimento. Mas, nos leva a refletir sobre o quanto o depoimento de Prestes é *falso* e o quanto seu filho é tendencioso.

A oposição é criada por meio da desqualificação da fala dos depoentes (Prestes e o filho) com "fatos" que contradizem a visão defendida. Ou seja, Brum supostamente traz dados da *realidade* que contradizem o discurso "heroico". Essa oposição faz parte da dramaturgia do documentário na busca de criar conflito, como o próprio roteirista informou.

Ao compreender a linguagem audiovisual e a linguagem de um documentário por meio da atenta "desmontagem" das estratégias que a compõem, compreendendo as escolhas e a construção do ponto de vista, podemos instrumentalizar os alunos a terem um olhar crítico não apenas aos documentários, que não "refletem" verdades sobre um assunto, mas pontos de vista, e também sobre os meios de comunicação.

Agora, é a sua vez!

8.4 SEQUÊNCIA DIDÁTICA: PONTOS DE VISTA EM FILMES

a. Atividade: identificando pontos de vista em documentários.

b. Objetivo: identificar diferentes pontos de vista sobre a Coluna Prestes apresentadas no documentário *O velho, a história de Luis Carlos Prestes* e contribuir para a compreensão de como um discurso pode ser construído em um documentário.

c. Desenvolvimento:

Módulo 1: explique para os alunos o que foi a Coluna Prestes, em que momento aconteceu, e que houve uma série de interpretações sobre os seus significados. Apresente o documentário a ser assistido. A sugestão é que seja exibido somente um trecho do filme que aborda especificamente a Coluna Prestes. Divida a turma em grupos que irão falar do "lado bom" da Coluna e aqueles que apresentarão "o lado ruim" da Coluna. Explique que devem prestar atenção para construir argumentos para defender o ponto de vista do grupo.

Módulo 2: organize os alunos de maneira que possam realizar o debate. Uma sugestão é que sejam colocados os dois grupos frente a frente. O professor deverá mediar o debate levantando questões para que os alunos reflitam sobre os diferentes pontos de vista apresentados.

Módulo 3: nesse módulo, o professor poderá concluir que não existe "lado bom" ou "lado ruim" e que as interpretações são marcadas pelas subjetividades. Além disso, mostrará o próprio ponto de vista do documentário. Para isso, poderá indicar a escolha dos depoentes e o lugar que ocupam na narrativa (quem são e o que falam).

d. Avaliação: os alunos poderão elaborar um texto argumentativo defendendo o seu ponto de vista na análise da Coluna Prestes. Ou poderão ser avaliadas a participação do aluno e a defesa dos seus argumentos.

Nota: o professor poderá apresentar quem são os depoentes, os trabalhos realizados e os pontos de vista que apresentam. Assim, mostrará que a sua inserção no filme tem um objetivo no discurso do documentário.

8.5 PARA FINALIZAR

A questão da construção de pontos de vista, atentando para a complexidade das subjetividades e as legitimidades dos *lugares*, pode ser trabalhada com diversos temas, em várias séries, seja opondo interpretações, seja analisando documentos e identificando os pontos de vista, seja comparando uma obra cinematográfica com uma obra literária, seja comparando filmes entre si.

Historicizar um discurso, um documento, um texto ou um filme envolve situar o *sujeito* e o *lugar* da sua produção, descortinando seus pontos de vista e compreendendo sua historicidade. A história não é composta de verdades ou mentiras, mas de pontos de vistas.

8.6 SUGESTÕES DE LEITURA

BURKE, P. **A escrita da história.** Novas Perspectivas. São Paulo: Editora da Unesp, 1992.

CERTEAU, M. A operação histórica. In: LE GOFF, Jacques; NORA, Pierre. **História:** novos problemas. Rio de Janeiro: Francisco Alves, 1988. p. 17—48.

8.7 FILMOGRAFIA

VENTURI, T. **O velho, a história de Luiz Carlos Prestes.** 1997. Distribuição: Versátil.

8.8 REFERÊNCIAS BIBLIOGRÁFICAS

BURKE, P**. A escrita da história.** Novas Perspectivas. São Paulo: Editora da Unesp, 1992.

CERTEAU, M. A operação histórica. In: LE GOFF, J.; NORA, P. **História:** novos problemas. Rio de Janeiro: Francisco Alves, 1988. p. 17—48.

DAVIS, Natalie Z. **O retorno de Martim Guerre.** Rio de Janeiro, Paz e Terra, 1983

FONSECA, V. A. **O cinema na história e a história no cinema:** pesquisa e criação em três experiências cinematográficas no Brasil dos anos 1990. 2008. Tese (Doutorado). Universidade Federal Fluminense, Niterói, 2008.

GAY, P. **O estilo na história:** Gibbon, Ranke, Macaulay, Burckhardt. São Paulo: Companhia das Letras, 1990. p. 180—181.

LE ROY LADURIE, E. **Montaillou, Cátaros e Católicos numa Aldeia Occitana 1294-1324.** Lisboa: Edições 70, 2000.

MACHADO, M. B.; JACKS, N. O discurso jornalístico. In: **GT Estudos de Jornalismo**, UFBA, 2001. Disponível em: <http://www.facom.ufba.br/Pos/gtjornalismo>. Acesso em outubro/2007.

VEYNE, Paul. **Como se escreve a história**. Brasília: Editora da Universidade de Brasília, 1982.

WHITE, H. As ficções da representação factual. In: WHITE, H. **Trópicos do discurso:** ensaio sobre a crítica da cultura. São Paulo: Edusp, 2001. p. 137—151. p. 139

9

Os jogos nas aulas de História

Uma das grandes reclamações que nós, professores de História, fazemos e ouvimos de nossos colegas é a falta de motivação que grande parcela dos alunos demonstra nas aulas da disciplina.

Alguns temas como o Egito, a educação espartana, as batalhas medievais, os grandes inventos da renascença, as guerras e revoltas do século XX trazem algum alento às nossas expectativas como professores, pois encontramos, quando abordamos essas temáticas, uma plateia mais interessada e curiosa. É surpreendente verificar como nossos alunos se interessam por acontecimentos que têm ares de fantástico e de mitológico e, especialmente entre os meninos, conteúdos que envolvam batalhas e guerras.

Sabemos que nem só desses temas vive um planejamento de História, mas temos consciência também que termos alunos motivados é muito melhor para o desenvolvimento de nossas aulas e do processo de ensino-aprendizagem dos nossos alunos.

Como motivar nossos alunos nas e para as aulas de História?

A Psicologia tenta explicar a motivação a partir de aspectos intrínsecos (internos) e extrínsecos (externos) ao ser humano; no entanto, ainda não conseguiu mensurar completamente o grau dessa motivação e todos os fatores que a desencadeia (DAVIDOFF, 1983, apud CARDOSO, 2008).

A motivação intrínseca é aquela que se dá de forma inata no indivíduo, o aluno, por exemplo, se interessa por determinada atividade ou aula por sentir satisfação com o conhecimento, com o saber ou pelo envolvimento em si na tarefa, sem a necessidade de elementos externos para movê-lo à execução de determinadas atividades (DAVIDOFF, 1983, BORUCHOVITH; BZUNECK, 2004, apud CARDOSO, 2008). A motivação extrínseca é aquela que ocorre em função de elementos externos ao indivíduo. O aluno, por exemplo, participa de atividades ou tarefas em função de notas, premiações ou reconhecimento escolar, familiar ou social.

Embora o indivíduo que apresente motivações intrínsecas seja o aluno que desejamos em nossas aulas, percebemos hoje que ele é uma minoria. E, então, como devemos operar para conseguir promover um ensino que motive nossos alunos em uma sociedade repleta de outros interesses?

A utilização das novas tecnologias de informação e comunicação, a abordagem histórica a partir de novos objetos de estudo, o uso de metodologias diferenciadas de ensino e a utilização de diferentes linguagens podem fazer o aprendizado de História tornar-se cada vez mais acessível e prazeroso para grande parte dos nossos alunos. Nesse contexto de busca de metodologias e ferramentas pedagógicas que os motivem, a utilização dos jogos nas aulas de História tem se mostrado uma boa estratégia.

9.1 O QUE É JOGO?

Gilles Brougère (1998) considera que a palavra jogo deva ter aparecido como a tradução da palavra latina *ludus*, que em Roma designava também a palavra escola, no caso escola de gladiadores. *Ludus*, nesse contexto, surgiu em associação ao local onde se treinava, se exercitava, se simulava a luta.

De acordo com esse autor, jogar possibilita ao ser humano vivenciar, experimentar novas situações que, de outra forma, não seria possível ou traria muitos riscos. O jogo permite interpretar, simular a vida e, por ser ficcional, permite à criança – e não só a ela – explorar possibilidades, ousar, além de evocar a imaginação e a criatividade.

Podemos desenvolver vários jogos nas aulas de História, todos criados originalmente para contextos não escolares, mas que, com adaptações, servem bem ao propósito de dinamização das aulas, verificação do aprendizado ou da memorização de conteúdos. No entanto, seguindo o propósito de trabalhar o jogo como um simulador de vivências e dinamizador da imaginação e da criatividade, propomos, neste capítulo, trabalharmos o jogo de interpretação de papéis, conhecido como RolePlaying Game, ou apenas RPG.

Nota: existem várias experiências de adaptação de contextos de memorização e aprendizagem de conteúdos de História em jogos de tabuleiro, trilha, bingo, forca e adivinhação, entre outros.

9.2 O JOGO DE INTERPRETAÇÃO DE PAPÉIS NAS AULAS DE HISTÓRIA

O RPG (comumente traduzido como Jogo de Interpretação de Papéis) é um hobby muito difundido entre adolescentes, jovens e adultos em diversos lugares do mundo, inclusive no Brasil.

Vários autores apontam as origens do RPG nos jogos de guerra e de estratégias que remontam ao século XIX, no entanto, é consenso que o primeiro RPG foi criado em 1974 nos Estados Unidos por Dave Arneson e Gary Gygax: o Dungeons & Dragons (D&D). O D&D configurou-se como o primeiro sistema de RPG de vários outros que vieram posteriormente.

Nota: esse primeiro RPG apresentava regras e jogo bem estruturado, de universo medieval. Em 1977 o jogo teve uma nova edição Advanced Dungeons & Dragons, e a primeira parou de ser editada em 2000. O D&D influenciou vários outros jogos, brinquedos, filmes e a série animada Caverna do Dragão, que durante muitos anos foi transmitida por uma emissora de televisão brasileira.

> *Um Sistema de RPG é um livro que descreve um "universo", um mundo ou época onde se passam as aventuras, bem como as regras, que regem este mundo e seus personagens. Existem sistemas que são destinados a ambientações específicas, como por exemplo: Período Medieval, Futuristas, Horror, entre outros. E existem também sistemas genéricos, como os **Gurps**, que podem ser usados em qualquer ambientação.* (MARTINS, 2000: 97)

GURPS: sigla para (Generic Universal Roleplaying System), sistema genérico e flexível criado em 1986. Hoje, esse sistema tem mais de 240 livros publicados com os mais diferentes temas e ambientações.

Podemos encontrar o RPG em quatro versões: os jogos coletivos de mesa, as aventuras solo de livros ou de cards, os jogos de computador (que podem ser jogados individualmente ou em grupos on line) e a Live Action (Ação ao Vivo).

No Brasil, as discussões sobre o uso do RPG começaram no final da década de 1990, como ferramenta pedagógica. Em 1997,

Nota: todos os trabalhos acadêmicos listados na bibliografia explicam essas versões. Sugerimos o trabalho de Schmit, pois, além das explicações, apresenta imagens e fotografias bastante elucidativas.

> **Nota:** essa primeira tese *abordando o RPG*, teve autoria de Maria Angélica Alves: ALVES, Maria Angélica. *Tudo o que o seu mestre mandar: a figuração do narrador e do leitor nos textos interativos. 1997.* 255f. Tese (Doutorado em Literatura Brasileira) - Departamento de Letras, Universidade Federal do Rio de Janeiro, Rio de Janeiro, 1997. (apud SCHMIT, 2008).

foi defendida a primeira tese de doutorado abordando o tema RPG e, em São Paulo, a partir de 2002, começaram a ocorrer encontros e simpósios discutindo as aproximações entre o RPG e a Educação.

Nos últimos 20 anos, houve uma produção considerável de aventuras para serem desenvolvidas em salas de aula ou por instituições ligadas à educação. A editora Devir em 1999 lançou vários mini-GURPS com temáticas históricas: Entradas e Bandeiras, Descobrimento do Brasil, Quilombo de Palmares e As Cruzadas.

O RPG é um jogo de aventura colaborativo, no qual os jogadores interpretam ou representam personagens – a partir de falas e gestos – criados por eles ou pelo mestre da história. O mestre ou narrador é o responsável pela condução da aventura, aplicando regras, criando cenários, ambientações, conflitos, obstáculos e enigmas a serem transpostos pelos personagens.

Em uma aventura de RPG, além dos personagens dos jogadores (Player Character/PCs), existem os personagens não jogadores (Non Player Character/NPCs), compostos e interpretados pelo mestre. Os NPCs são muito importantes para o enredo de uma aventura, pois acabam sendo figurantes e antagonistas que temperam a narrativa da aventura.

Além dos jogadores e do mestre que narra uma aventura, os elementos básicos para se jogar o RPG de mesa são o livro contendo o sistema usado pelo mestre, lápis e papel para os jogadores montarem seus personagens e fazer desenhos de mapas e um os mais dados para os testes de habilidades e força.

> **Habilidades:** características do personagem, divididas em talentos, perícias e conhecimentos.

Em uma sala de aula, o professor, seguindo algumas ideias básicas do RPG, pode criar o seu próprio sistema de jogo.

Nas aulas de História todo conteúdo pode ser ministrado por meio de uma aventura pensada para o RPG. O professor lança mão de uma ideia, mas principalmente inova em sua aula, que fugirá da descrição de conteúdos ou eventos, e passa à narração criativa dos fatos históricos.

> **Mestrar:** neologismo utilizado por jogadores de RPG para designar o ato do condutor da aventura.

Narrando ou mestrando uma aventura, o professor convida os alunos para participarem de uma brincadeira de faz de conta que, na realidade, tem o objetivo de despertar a curiosidade e o desejo de saber mais sobre História.

EXEMPLO - MONTANDO UMA AVENTURA NA GRÉCIA ANTIGA

Em uma determinada manhã, enquanto cuidavam de seus afazeres comerciais, vocês percebem uma grande agitação ao redor do templo de Atena. A atmosfera do lugar estava tão diferente, que até mesmo as próprias paredes pareciam emanar uma luz divina. Ao se aproximarem do templo o **Oráculo**, com seus olhos emanando luz de tal forma que era impossível olhar diretamente para sua face, transmite uma mensagem da própria deusa Atena para vocês: "Eu sou a portadora da justiça e tenho visto as injustiças que vêm acontecendo nesta terra! Por isso vos trago uma mensagem que os libertará! Encontrem Sólon e ele vos favorecerá!". Após dizer isso, o oráculo desmaia inconsciente.

Essa introdução de aventura foi desenvolvida especialmente para esse capítulo pelas autoras em colaboração com o tecnólogo em jogos digitais e Rpgista Luiz Felipe Donegá Piva.

Com um chamado assim para uma aula sobre as crises sociais da Grécia Arcaica que desembocarão no processo que levará à democracia ateniense, alunos do 6º ano, envolvidos pela característica lúdica da abordagem, poderão apresentar uma motivação diferenciada para aulas e pesquisas posteriores.

No exemplo apresentado aqui, o professor deverá compor uma ambientação da Grécia Antiga por volta de 600 a. C. Os jogadores – alunos divididos em grupos de 4 a 5 componentes – são integrantes da classe dos Georghois ou Thetas (os jogadores podem ser todos de uma mesma classe social ou cada grupo pode pertencer a uma classe social diferente).

O objetivo do professor é fazer com que, além de motivados para ouvir a história, os alunos se empenhem em descobrir quem foi ou o que é Sólon, e encontrem o nosso herói.

Para tanto, o professor convida os alunos a explorarem a Grécia Antiga, a desbravarem cenários históricos, a encontrarem criaturas mitológicas, como a Esfinge, e a contar com a ajuda dos deuses (ou não!), para conseguir pistas sobre Sólon e ajudá-lo a tornar-se um dos legisladores mais famosos de toda a história. Tudo isso feito a partir de pesquisa em material previamente selecionado pelo professor, que também pode contar com livros didáticos e com a Internet.

Oráculo: na Antiguidade, o oráculo poderia ser a pessoa que recebia as profecias ou predições dos deuses ou o local onde isso ocorria.

Nota: cada grupo de jogadores representará um personagem dentro do jogo. Cada ação deve ser decidida pelo grupo e, então, anunciada, um personagem por vez.

Para criar conflitos que, ao mesmo tempo, ajude no desenrolar da trama e no processo de ensino de História, outros personagens não jogadores (NPCs) entram na aventura, interpretados pelo professor.

Os jogadores/alunos podem, por intermédio de um personagem/espião, ouvir, no mercado, um grupo de eupátridas conspirando, o que pode significar que eles sabem onde Sólon está. O mestre/professor pode dificultar o jogo dizendo para o personagem/espião que ele está muito longe do grupo e que não poderá ouvir, este por sua vez, pode responder ao mestre/professor que é bom leitor de lábios e aí passar por teste rápido de habilidade. Caso o personagem/espião ganhe a disputa com o mestre, prosseguirá sua busca; caso não ganhe, deverá recuar.

> Nota: as decisões devem ser livres, porém, recomenda-se ao professor que tente direcionar as decisões para caminhos coesos dentro da história proposta, mas sem afetar diretamente as decisões dos alunos.
>
> Nota: o professor pode usar os dados do RPG clássico ou, em disputas simples como esta, fazer uso do jogo de "par ou ímpar".

Mestrar uma aventura exigirá do professor raciocínio rápido e uma dose de improviso para adaptar as situações à história desenvolvida. Cabe ao professor conduzir a trama, provocando nos alunos necessidade e interesse em fazer pesquisas e busca de informações necessárias para o desenvolvimento da aventura.

Em uma aventura com essa ambientação, os jogadores, na busca de seu herói, podem se deparar com vários outros desafios que permitirão uma maior exploração de conteúdos históricos, extrapolando o estudo do desenvolvimento político de Atenas. O mestre/professor poderá incluir vários outros encontros ou possibilidades de interpretação de papéis e necessidade de pesquisa como por exemplo:

- Encontro com a Esfinge: em determinado momento, os jogadores encontrarão a Esfinge, que contará o que sabe sobre Sólon, caso os jogadores respondam uma charada.

> Nota: o mestre pode lançar mão da charada clássica que a Esfinge impôs a Édipo: "Que criatura que pela manhã tem quatro pés, ao meio-dia tem dois e à noite tem três? O homem que engatinha como bebê, anda sobre os dois pés na idade adulta e usa uma bengala quando idoso", ou usar outras.

- Encontro com Hércules: os jogadores deverão ajudar Hércules em um de seus trabalhos para conseguir sua colaboração ou informações.

- Eupátridas: serão os grandes antagonistas dos jogadores, farão de tudo para impedir que eles encontrem Sólon: armadilhas, pistas falsas até a infiltração de traidores. A interpretação do personagem/eupátrida será feita pelo mestre/professor.

Uma aventura como essa pode permitir, caso haja envolvimento suficiente entre os alunos, a construção de uma campanha, ou seja, outra aventura que se dê a partir da resolução dessa.

Há algumas preocupações na condução de uma aventura nas aulas de História: uma delas é que as interpretações e informações históricas não fiquem totalmente livres, a outra é quanto ao rumo da história. No caso da aventura proposta, sabemos que Sólon tornou-se legislador de Atenas e fez grandes reformas sociais na pólis grega; mesmo que os personagens/jogadores não encontrem o herói, no processo de pesquisa, eles adquiriram informações que permitirão a formação de conhecimento sobre o período. No entanto, é importante que o objetivo inicial seja atingido para que a frustração da não conquista não desanime os alunos para novas aventuras.

Em aventuras de RPG, os jogadores geralmente montam fichas para seus personagens. No exemplo dado, o uso dessas fichas para composição de um personagem é decidido pelo professor. Caso sejam utilizadas, precisam conter habilidades necessárias ao tipo de jogo desenvolvido com atributos de energia, força, intuição (caso o grupo esteja perdido, por exemplo, pode tentar utilizar sua intuição para descobrir uma pista, rolando um dado), entre outros.

Os jogos de interpretação possibilitam interação maior entre os alunos, uma relação diferenciada entre alunos e professor, motivação maior para a pesquisa, enfim, permite um ensino que, para ser desenvolvido, precisa da participação ativa do aluno.

Na Sequência Didática, proporemos a abordagem do RPG a partir de um Live Action ou Live Action Role Play, que é uma experiência mais livre de interpretação de personagens. Os jogadores, em número maior, interpretam ou representam os seus personagens, com falas, indumentária e gestos, como em um teatro. O mestre não tem tanto poder sobre os jogadores, mas pode e deve fazer a composição das regras e principalmente do cenário.

Nota: existem vários elementos na composição de um personagem de RPG que são anotados em uma ficha ou planilha, entre eles, atributos (físicos, sociais e mentais), habilidades (talentos, perícias e conhecimento) e virtudes (conhecimento, instinto, coragem etc.). Vários sites disponibilizam essas fichas e o professor pode criar, juntamente com os alunos, um modelo apropriado para o seu trabalho em sala.

9.3 SEQUÊNCIA DIDÁTICA: JOGOS DE REPRESENTAÇÃO

a. Atividade: museu vivo

b. Objetivo: apresentar uma forma lúdica e participativa de desenvolver atividades no ensino de História. Estimular os alunos a desenvolver habilidades de pesquisa e composição de personagens históricos, além do trabalho colaborativo entre alunos e professor.

c. Desenvolvimento:

MÓDULO 1: o professor pode fazer um levantamento de quantos alunos já foram a uma exposição ou a um museu, verificando se foram com a escola ou com parentes e amigos e solicitando que exponham verbalmente suas experiências e as sensações vivenciadas no ambiente: o que viram, como eram dispostos os objetos etc.

Após esse levantamento, deve ser apresentada aos alunos a proposta da montagem de uma exposição de arte e ciência abordando o período histórico da Renascença Europeia (século XIII a XVI). A ideia é que eles se tornem os "objetos da exposição", interpretando personagens históricos e montando releituras de algumas obras de arte significativas do período. Após uma exposição rápida das possibilidades de personagens e obras de arte, os alunos devem ser orientados a fazer uma pequena pesquisa exploratória, no livro didático ou na Internet, para, assim, escolherem um personagem ou obra de arte para uma pesquisa posterior mais atenta e uma montagem.

Os alunos precisam de certo clima de liberdade para fazer a escolha, mas é importante que alguns nomes de personagens como Nicolau Copérnico, Leonardo Da Vinci, Galileu Galilei, Luís de Camões e Martin Lutero e de obras de arte como *O Nascimento de Vênus*, de Sandro Botticelli; *As Bodas do casal Arnolfini*, de Jan Van Eick; *Pietá*, de Michelangelo; *Mona Lisa*, de Leonardo Da Vinci; e *Romeu e Julieta*, de Willian Shakespeare sejam sugeridos.

É necessária a formação de um grupo voluntário de alunos para a montagem da exposição, esse será o grupo de apoio.

Módulo 2: após a pesquisa exploratória e a opção dos alunos por algum personagem ou obra de arte, a(s) sala(s) deve(m) ser dividida(s) em três categorias: personagens históricos, obras de arte e grupo de apoio.

É importante que todos os personagens históricos e as obras de arte sugeridas sejam escolhidos por pelo menos um aluno. Nesse módulo, os alunos precisam realizar uma pesquisa escrita mais atenta dos personagens com detalhes biográficos, características físicas, indumentária usada pelo grupo social, região, época e cultura do personagem, além de seus feitos, inventos ou pensamento. Em relação à obra de arte podem ser solicitadas imagens, dimensões, técnica e material utilizados em sua confecção, contexto histórico no qual foi produzida, além de curiosidades da produção da obra e da vida do respectivo artista.

O grupo de apoio será responsável pela curadoria e acompanhamento da visitação da exposição, portanto, é importante que esses alunos (que podem ser no máximo três por sala) pesquisem onde as obras de arte estão expostas e comecem a ter ideias sobre onde e como a exposição pode ser montada

Nota: essa pesquisa necessariamente não precisa respeitar um formato, a ideia é que os alunos consigam o máximo de informação possível sobre sua escolha.

na escola, de que materiais os personagens e as obras de arte precisarão para serem apresentados.

Módulo 3: após um período mínimo estabelecido, as pesquisas individuais devem ser recolhidas e, com a ajuda do grupo de apoio, organizadas cronologicamente em um banco de dados. Esse banco de dados será de uso coletivo e subsidiará as pesquisas dos alunos para composição de seus personagens.

Módulo 4: os alunos podem apresentar, oralmente ou por escrito, um plano de trabalho para a composição de seus personagens (históricos ou obras de arte). O professor precisa orientar os alunos nessa composição, mas é importante que eles divirtam-se e sintam-se livres para criar suas roupas, réplicas de inventos e o que acharem mais significativo. Concomitantemente, o grupo de apoio precisará iniciar um armazenamento de material (roupas, tecidos, tapetes...) que acharem oportuno para a montagem da exposição, além disso, precisam ser orientados a elaborar um croqui/esboço do espaço destinado a cada obra de arte ou personagem histórico.

Os alunos que compartilham o mesmo personagem (histórico ou obra de arte) precisam de espaços e horários para ensaiar, discutir a montagem das roupas, falas ou estratégias de composição.

Módulo 5: a exposição deve ser montada em uma sala de aula ou espaço que possa ser fechado para troca de posto dos personagens. Cada sessão do Museu Vivo deve durar no máximo 15 minutos, pois os alunos que personificarão obras de arte precisam de descanso e maior rodízio do que os personagens históricos. Pode haver na sala mais de um aluno compondo o mesmo personagem histórico ao mesmo tempo.

Professor e alunos podem optar pela visita livre ou guiada dos espectadores. Ao lado de cada personagem (histórico ou obra de arte) precisa haver uma indicação – assim como encontramos em exposições e museus – do nome ou título, data e local de produção ou vida do personagem. No caso das pinturas e esculturas é interessante ter, ao lado desses itens, uma reprodução da obra original com indicação de suas dimensões reais.

As obras de arte devem interagir minimamente com os visitantes. No caso de obras teatrais ou literárias, como por exemplo, Romeu e Julieta de William Shakespeare, os alunos podem optar por apresentar esquetes teatrais com trechos de falas escolhidas ou declamações. Os personagens históricos têm maior liberdade de interação. Eles próprios podem apresentar seus inventos e ideias

Nota: o material pesquisado poderá ser disposto em uma caixa grande, plástica ou de papelão, que poderá ser levada para todas as classes envolvidas na atividade.

ATENÇÃO

Algumas obras de arte podem trazer maiores problemas para os alunos, por exemplo, a escultura Pietá de Michelângelo necessita de dois personagens para sua composição, é importante que os meninos participantes sejam pequenos e as meninas sejam de maior robustez física. Para sua elaboração é necessário uma cadeira ou poltrona grande e um tecido de pelo menos uns 3 metros de comprimento por 2 de largura. A nudez do Nascimento de Vênus de Sandro Botticelli deverá ser contornada por roupas de tecido leve, ou a obra poderá ser representada a partir de releituras mais livres.

Nota: a atividade pode ser desenvolvida com os professores de Ciências e Educação Artística. Eles podem orientar os alunos para a montagem de réplicas dos modelos astronômicos de Copérnico, ou do plano inclinado e o telescópio de Galileu. O professor de Educação Artística pode, com ajuda do grupo de apoio ou de alunos com maiores habilidades artísticas, compor um painel no fundo da sala, simulando um pátio renascentista.

para o público. Se o professor e o grupo fizerem opção por incluir Martin Lutero, podem ser desenhadas ou cortadas em papel pardo, porta(s) onde o(s) padre(s) reformista(s) pregue(m) suas 95 Teses – alusão ao ato de 1517 que deu origem à Reforma Religiosa.

d. Avaliação: a avaliação da atividade deve ser feita durante todo o seu desenvolvimento, no entanto, três momentos são os mais importantes para esse fim: o processo da montagem do banco de dados (MÓDULO 3), a apresentação e discussão da proposta de composição do papel desempenhado por cada aluno (obra de arte, personagem histórico, curadores e guias de visitação) (MÓDULO 4) e a exposição final (MÓDULO 5).

Poderá também, ser aberto um livro de visitas para que os demais interlocutores da comunidade escolar possam fazer suas considerações e avaliação da exposição.

Após a exposição, solicite aos alunos que façam um texto escrito ou apresentação oral expondo suas impressões sobre o trabalho, autoavaliando seu desempenho e seu aprendizado com a atividade.

9.4 PARA FINALIZAR

Antes de nos aventurarmos pela primeira vez nos jogos de interpretação, tudo parece tarefa muito difícil: pensar em uma aventura, caracterizar os personagens, montar o cenário, criar os enigmas... controlar a disciplina dos alunos, no entanto, podemos entrar aos poucos nesse universo. Caso o professor se sinta inseguro, pode iniciar com pequenos passos: em uma aula expositiva sobre a Grécia Arcaica, por exemplo, pode transformar toda sala em um *genos*, escolher um aluno como *pater-família*, simular a distribuição de forma desigual das terras, transformar alunos em eupátridas, georgóis, demiurgos e escravos, mandar alguns para a colonização dos Mares Mediterrâneo e Negro, inventar conflitos etc. ou ainda, quando estiver trabalhando com as Cruzadas, solicitar que o aluno transformado em cavaleiro escreva cartas para os seus familiares contando suas aventuras e desventuras na Guerra Santa, ou as saudades e dificuldades que a mulher camponesa sentiu quando o seu marido não retornou das batalhas ou as aflições que o nobre experimentou na iminência da perda da guerra. Vamos aos poucos, mas não podemos deixar de experimentar esse universo de encantamento que pode ser bastante interessante para nós, professores, e muito divertido, além de motivador, para os nossos alunos.

9.5 SUGESTÕES DE LEITURA

Sugerimos algumas leituras que podem apresentar mais caminhos para o trabalho com jogos de interpretação:

CARDOSO, E. T. **Motivação escolar e o lúdico:** o jogo de RPG como estratégia pedagógica para o ensino de História. 2008. 141 p. Dissertação (Mestrado) – FE Unicamp, Campinas, 2008. Disponível em <http://www.bibliotecadigital.unicamp.br/document/?code=vtls000446532>. Acesso em 12 jun. 2011.

MARCATTO, A. **Saindo do quadro.** São Paulo: Edição do autor, 1996.

MARTINS, L. A. **A porta do encantamento:** os jogos de representação (RPGs) na perspectiva da socialização e da educação. 2000. 205 p. Dissertação (Mestrado) – FE Unicamp, Campinas, 2000. Disponível em:

<http://www.bibliotecadigital.unicamp.br/document/?code=vtls 000214657&opt=1>. Acesso em 12 jun. 2011.

RIYIS, M. T. **Simples** – sistema inicial para mestres-professores lecionarem através de uma estratégia motivadora: manual para o uso do "RPG" na educação. São Paulo: Edição do Autor, 2004.

SITES

Interativas.com.br. Disponível em: <http://www.historias.interativas.com.br>. Acesso em 13.jun.2011.

Jogo de aprender. Disponível em: <http://www.jogodeaprender.com.br>. Acesso em 11.jun.2011.

RPGEduc – RPD e Educação. Disponível em: <http://www.rpgeduc.com>.

9.6 REFERÊNCIAS BIBLIOGRÁFICAS

BROUGÈRE, G. **Jogo e educação.** Porto Alegre: Artes Médicas, 1998.

CARDOSO, E. T. **Motivação escolar e o lúdico:** o jogo de RPG como estratégia pedagógica para o ensino de História. 2008. 141 p. Dissertação (Mestrado) – FE Unicamp, Campinas, 2008. Disponível em: <http://www.bibliotecadigital.unicamp.br/document/?code=vtls000446532>. Acesso em 12 jun. 2011.

MARTINS, L. A. **A porta do encantamento:** os jogos de representação (RPGs) na perspectiva da socialização e da educação. 2000. 205 p. Dissertação (Mestrado em Educação) – FE Unicamp, Campinas, 2000. Disponível em: <http://www.bibliotecadigital.unicamp.br/document/?code=vtls000214657&opt=1>. Acesso em 12 jun. 2011.

SCHMIT, W. L. **RPG e educação:** alguns apontamentos teóricos. 2008. 278p. Dissertação (Mestrado em Educação) – Universidade Estadual de Londrina, Londrina, 2008. Disponível em: <http://pt.scribd.com/doc/30777155/Rpg-e-educacao-Alguns-apontamentos-teoricos-Wagner-Luiz-Schmit-2008>. Acesso em 13 jun. 2011.

SILVA, M. V. **O jogo de papéis (RPG) como tecnologia educacional e o processo de aprendizagem no ensino médio.** 2009. Dissertação (Mestrado em Educação) – Universidade Tuiuti do Paraná, Tuiuti, 2009. Disponível em: <http://pt.scribd.com/doc/31074543/O-JOGO-DE-PAPEIS-RPG-COMO-TECNOLOGIA-EDUCACIONAL-E-O-PROCESSO-DE-APRENDIZAGEM-NO-ENSINO-MEDIO-Matheus-Vieira-Silva-2009>. Acesso em 12 jun. 2011.

10
O ensino de História e a questão da cidadania na escola

Ensino de História e formação de cidadãos quase compõem um binômio, é como se a essência do ensino de História, principalmente na escola pública, estivesse relacionada necessariamente à formação de cidadãos. No Brasil, mesmo no período em que o País passou pelo regime de exceção dos governos militares, um dos objetivos do ensino da História era o da formação de cidadãos, o que, àquela época, significava transmitir valores e sentimentos de patriotismo, nacionalismo e civismo.

Na década de 1980, com o processo de redemocratização brasileira, a disciplina História transformou-se em uma ferramenta de emancipação e transformação social e o grande objetivo do ensino da História passou a ser o de formar cidadãos críticos, reflexivos e participativos.

10.1 MAS, AFINAL DE CONTAS O QUE É SER CIDADÃO? O QUE É CIDADANIA?

Na atualidade, o termo cidadania tem uma grande gama de significados. Falamos em cidadania quando nos referimos aos nossos direitos e deveres civis como o direito à propriedade, à igualdade perante a lei, à liberdade de opinião e religiosa ou ao dever de convivência respeitosa. Mencionamos a cidadania quando tratamos do nosso exercício político do voto ou ao cobrarmos lisura dos políticos que nos representam nas diversas instâncias de poder. Clamamos pela cidadania quando exigimos educação e saúde de qualidade, quando lutamos por aposentadorias dignas, por creches, por moradia, saneamento básico e assim por diante.

Além dos exercícios civis, políticos e sociais apontados aqui, a cidadania na atualidade tem outras extensões: ser cidadão hoje é cuidar da sustentabilidade do planeta, colocando o lixo no recipiente correto ou usando de forma consciente os recursos naturais. Exercer a cidadania nos tempos atuais é participar, de forma voluntária, de algum projeto de ação social, quase sempre com características assistencialistas. Ser cidadão também pode nos remeter a um sentimento de pertencimento a um grupo local que pode ser ampliado à noção de nacionalidade.

A cidadania é um conceito que sofreu, e ainda sofre, várias transformações e adaptações a contextos históricos, culturais e temporais, ou seja, ser cidadão na Antiguidade é diferente do que na Modernidade, assim como o exercício da cidadania em uma comunidade rural brasileira na década de 1930 é diferente daquele em uma cidade como São Paulo ou Recife no mesmo período.

Embora polissêmico, o conceito *cidadania* tem como elemento norteador a ideia de

> *coletividade política (...) que vive sobre um território e que tem o poder de definir a lei, ou seja, as regras da vida coletiva, as liberdades de cada um, os modos de resolução de conflitos.* (AUDIGIER, 1999, p. 57, apud CARDOSO, 2007, p. 108)

O trabalho com a noção de cidadania na escola pressupõe a discussão de três pontos básicos. Primeiro, desconstruir a ideia de filiação direta da experiência contemporânea de cidadania com a vivida na Antiguidade Clássica. Num segundo momento, faz-se necessário apresentar algumas especificidades da evolução da cidadania brasileira em comparação com as experiências europeia e norte-americana e, por fim, discutir algumas características da abordagem escolar e institucional sobre o papel do ensino de história na formação de cidadãos.

10.2 DIFERENÇAS ENTRE A CIDADANIA NA ANTIGUIDADE E A CIDADANIA NA CONTEMPORANEIDADE

É comum encontrarmos textos em livros didáticos ou materiais escritos com finalidade de utilização em situações de ensino que apontam uma ligação direta entre a cidadania exercida atualmente no Ocidente com a cidadania da Antiguidade Clássica.

Embora a ideia do mundo Greco-romano como o berço da civilização humana, seja "uma armadilha ideológica difícil de evitar" (GUARINELLO, 2010, p. 31), é fundamental termos clareza que a experiência de exercício da cidadania que temos na contemporaneidade é única na história e está relacionada aos movimentos que emergiram em contraposição ao absolutismo monárquico europeu a partir do século XVII, mas principalmente no século XVIII.

Documentos como o *Bill of Rights* (1689) da Revolução Inglesa, a *Declaração de Independência* (1776) das Treze Colônias e a *Declaração dos Direitos do Homem e do Cidadão* (1789) da Revolução Francesa foram os textos que nortearam as mudanças iniciadas na Inglaterra, nos Estados Unidos e na França, respectivamente, mas que disseminaram seus ideais, como um rastilho de pólvora, por todo o Ocidente, nos últimos 200 anos.

Além das evidências históricas dessa vinculação entre a noção de cidadania ocidental com os movimentos denominados pela historiografia como revoluções burguesas, apresentaremos duas diferenças fundamentais existentes entre a cidadania na Antiguidade Clássica e a construída no final da Idade Moderna, e que se expandiu na contemporaneidade.

Na Antiguidade, a exemplo da festejada experiência da cidade-estado de Atenas, a cidadania se dava por exercício individual e direto. Na ágora ateniense, centenas ou até milhares de cidadãos exerciam seu direito individual de voto de forma direta, a noção de representação política ou de partidos doutrinários da atualidade não existia (GUARINELLO, 2010).

Outra grande diferença entre as duas experiências é a de inclusão e exclusão.

Ao trabalharmos com nossos alunos os prerrequisitos para ser cidadão em Atenas, mesmo após as reformas de Clístenes, quando a cidadania se estendeu a um número maior de atenienses, é importante ressaltarmos o quão exclusiva e excludente era essa cidadania já que prevaleciam critérios muito restritivos para se tornar cidadão: o indivíduo deveria ser do sexo masculino, adulto, filho de pais atenienses e proprietário. Para a minoria considerada cidadã, o exercício político da cidadania era amplo, independentemente de ser rico ou pobre. Para mulheres, estrangeiros e não proprietários, a participação na ágora era vedada, ou seja, a maioria da população estava excluída do exercício político, isso para não falarmos dos escravos.

> Nota: é bem verdade que a expansão dos direitos e deveres civis, políticos e sociais, se deu de forma paulatina, passando por um processo de universalização ainda em curso apenas a partir da segunda metade do século XX, com a extensão do exercício da cidadania às mulheres, diferentes etnias e grupos religiosos.

Enquanto, na contemporaneidade, a noção de cidadania é a de congregação de pessoas que compartilham e gozam de mesmos direitos e deveres, na Antiguidade "dizer quem era cidadão (...) era uma maneira de eliminar a possibilidade de a maioria participar, e garantir privilégios de uma minoria" (KARNAL, 2010, p.144).

A ideia de herança direta entre a cidadania Contemporânea e a Antiga é uma construção ideológica e mítica feita pelos próprios criadores no século XVIII da noção de cidadania.

> *Os opositores do Antigo Regime emprestaram da Antiguidade greco-romana os termos democracia e cidadania para legitimar os regimes políticos criados por eles no século XVIII, mas isso não significa que esses regimes sejam herdeiros, de fato, dos regimes antigos. A ideia de que a cidadania surgiu na Antiguidade e renasceu no mundo Moderno não passa de um discurso criado para legitimar os regimes políticos da Modernidade.* (CARDOSO, 2007, p. 116)

10.3 AS ESPECIFICIDADES DA EVOLUÇÃO DA CIDADANIA NO BRASIL

Na abordagem da cidadania nas aulas de História, outra questão que não pode ser desconsiderada é a especificidade da evolução da cidadania em diferentes culturas e contextos históricos.

Embora, no Brasil, tenhamos no processo de emancipação política e consolidação do republicanismo aderido a lemas e instituições que nos remetem às experiências europeias e norte-americana, o exercício da cidadania em nosso país tem especificidades oriundas de sua colonização, bem como da constituição dos poderes Executivo, Legislativo e Judiciário ainda no período imperial e da relação que as elites econômicas e políticas construíram com o Estado.

Em sua obra *Cidadania, classe social e status* (1967), o sociólogo inglês T. H. Marshall, divide a cidadania em três categorias fundamentais: a civil, a política e a social. Embora, na atualidade, não consigamos imaginar o exercício da cidadania dessa forma, historicamente ela se constituiu assim: em um primeiro momento, a exemplo do que aconteceu nas Revoluções Inglesas, na Revolução Americana e na Revolução Francesa, a luta se deu por direitos civis, ou seja, os revolucionários exigiam igualdade perante as leis e à justiça; o lema "todos os homens são iguais" era um grito contra a divisão, ainda medieval, de uma sociedade estratificada, norteada quase sempre por vínculos de sangue, privilégios e prerrogativas distribuídos por um rei absolutista ou uma sede de governo distante – no caso dos colonos das colônias inglesas no continente americano.

Os direitos políticos, ou seja, a possibilidade de votar e ser eleito, de participar ativamente das instâncias de poder foi um passo posterior, que a princípio somente foi exercido por uma pequena parcela de homens proprietários. Apenas após a consolidação dos direitos civis e políticos foi que ocorreu a implantação dos direitos sociais como o acesso à educação e à saúde para uma grande parcela da população.

O cientista político José Murilo de Carvalho (2002), chama a atenção para o fato de que, no Brasil, tenha ocorrido exatamente o contrário,

> *A cronologia e a lógica da sequência descrita por Marshall foram invertidas no Brasil. Aqui, primeiro vieram os direitos sociais, implantados em período de supressão dos direitos políticos e de redução dos direitos civis por um ditador que se tornou popular. Depois vieram os direitos políticos [...]. Finalmente, ainda hoje, muitos direitos civis, a base da sequência de Marshall, continuam inacessíveis à maioria da população. A pirâmide dos direitos foi colocada de cabeça para baixo.* (CARVALHO, 2002, p. 220—221)

O PAPEL DO ESTADO

[...]
1- Que é ilegal a faculdade que se atribui à autoridade real para suspender as leis ou seu cumprimento.
[...]

5- Que os Súditos têm direitos de apresentar petições ao Rei, sendo ilegais as prisões vexações de qualquer espécie que sofram por esta causa.
[...]
8- Que devem ser livres as eleições dos membros do Parlamento.
9- Que os discursos pronunciados nos debates do Parlamento não devem ser examinados senão por ele mesmo, e não em outro Tribunal ou sítio algum.
[...]
13- Que é indispensável convocar com frequência os Parlamentos para satisfazer. Os agravos, assim como para corrigir, afirmar e conservar as leis.
[...]
15- Reclamam e pedem, com repetidas instâncias, todo o mencionado, considerando-o como um conjunto de direitos e liberdades incontestáveis, como também, que para o futuro não se firmem precedentes nem se deduza consequência alguma em prejuízo do povo.
[...]
Bill of Rights, 1679. Disponível em: <http://www.direitoshumanos.usp.br/index.php/Documentos-anteriores-%C3%A0-cria%C3%A7%C3%A3o-da--Sociedade-das-Na%C3%A7%C3%B5es-at%C3%A9-1919/declaracao-de--direitos-do-homem-e-do-cidadao-1789.html>.Acesso em 27.jul. 2011.
[...] Consideramos estas verdades por si mesmo evidentes, que todos os homens são criados iguais, sendo-lhes conferidos pelo seu Criador certos Direitos inalienáveis, entre os quais se contam a Vida, a Liberdade e a busca da Felicidade. Que para garantir estes Direitos, são instituídos Governos entre os Homens, derivando os seus justos poderes do consentimento dos governados. Que sempre que qualquer Forma de Governo se torne destruidora de tais propósitos, o Povo tem Direito a alterá-la ou aboli-la, bem como a instituir um novo Governo, assentando os seus fundamentos nesses princípios e organizando os seus poderes do modo que lhe pareça mais adequado à promoção da sua Segurança e Felicidade [....].
Declaração de Independência dos Estados Unidos da América, 1776. Disponível em: <<http://www.infopedia.pt/$declaracao-de-independencia--dos-estados>. Acesso em 27 jul. 2011.

Enquanto, na Inglaterra, "todas as expressões da Bill of Rights indicam um mecanismo de defesa contra o Estado e contra a interferência estatal na vida do cidadão" (KARNAL, 2010, p. 145) e na Declaração de Independência dos Estados Unidos

o povo fundamenta sua aspiração à independência nos princípios da cidadania, ou seja, coloca como finalidade primordial do Estado a preservação das liberdades dos integrantes do povo, elevados à condição de sujeitos políticos. (SINGER, 2010, p. 201)

No Brasil, apenas a partir da vigência da Constituição de 1988, após um longo período de ausência absoluta de direitos políticos e civis, foi que se consolidou a cidadania política e civil no país. Além disso, o Estado figurou como uma instância importantíssima nesse processo de aquisição de direitos.

É interessante lembrar que os grandes avanços nas áreas sociais, como a instauração do salário mínimo (1940), a Consolidação das Leis Trabalhistas (1943), a criação do Instituto Nacional de Previdência Social e do Fundo de Garantia por Tempo de Serviço (1966), bem como a ampliação de direitos sociais a trabalhadores domésticos e rurais, ocorreram em momentos de governos restritivos quanto às liberdades políticas e direitos civis.

Diferentemente da Inglaterra, dos Estados Unidos e da França, no Brasil os direitos sociais vieram primeiro e se constituíram em uma cidadania tutelada e regulada pelo Estado, dando a impressão que a cidadania não é fruto da luta política, mas da benemerência do Estado (LUCA, 2010, p. 481).

Esse processo de consolidação da cidadania no Brasil em seus aspectos civis, políticos e sociais criou uma cultura política com uma noção frágil de direitos e deveres coletivos e fortaleceu sobremaneira o poder executivo, a figura dos governantes e a força dos indivíduos que detêm o poder. Com certeza, ao trabalharmos essas noções com nossos alunos, esse imaginário estará bastante presente.

10.4 CIDADANIA E EDUCAÇÃO, CIDADANIA E ENSINO DE HISTÓRIA

Após um período de quase 20 anos de ditadura militar, a vitória de candidatos de oposição nas eleições de 1982 para os governos de estados trouxe novas perspectivas para a educação e, principalmente, para o ensino de História no Brasil. Embora ainda sob vigência da LDB 5692 de 1971, na década de 1980, tornaram-se projetos governamentais de reestruturação do ensino de História algumas reivindicações de grupos ligados à Anpuh – Associação Nacional dos Professores Universitários de História –, à AGB – Associação dos Geógrafos Brasileiros – e à SBPC – Sociedade Brasileira para o Progresso da Ciência.

Nesse contexto de reabertura política, o ensino de História tornou-se uma espécie de aríete dos grandes desejos de transformação social. Os professores de História passaram a figurar como os agentes de transformação social e o papel da escola seria o de "formar cidadãos [...] atuantes, críticos, reflexivos e agentes transformadores daquela realidade" (MENANDRO, 2001, p. 48, apud CARDOSO, 2007, p. 44). Essas ideias passaram a figurar nas inúmeras propostas de reformulação do ensino de História em secretarias estaduais de ensino, como as de São Paulo e de Minas Gerais.

Oldimar Cardoso (2007) defende que a cidadania e os objetivos "formar cidadãos", "formar cidadãos críticos" e "formar cidadãos (...) participativos" tornaram-se um *slogan* educacional. Utilizando o conceito criado por Israel Scheffler, o autor afirma que

> [...] a principal função dos slogans educacionais é proporcionar símbolos que unifiquem as ideias e atitudes chaves dos movimentos educacionais, para atrair novos aderentes e fornecer confiança e firmeza aos veteranos. Mas alguns slogans, como esse da formação de cidadãos, ultrapassam essa função e tornam-se portadores de um argumento pretensamente inquestionável e irrecusável. (CARDOSO, 2007, p. 29)

O fato de a formação de cidadãos ter se tornado um *slogan* para o ensino de história é preocupante, pois a adesão irrefletida por alguns professores de História ou a aceitação como algo inconteste por outros trouxeram o risco do esvaziamento do tema e da proposta, importantíssima para o exercício pleno da vida em sociedade.

10.5 TRABALHANDO A CIDADANIA NA ESCOLA E NAS AULAS DE HISTÓRIA

O trabalho com a questão da cidadania na escola figura na LDB 9.394 como princípio e fim da educação nacional:

> **Lei de Diretrizes e Base da Educação Nacional – Lei Federal 9.394 de 20 de novembro de 1996.**
>
> TÍTULO II
> Dos Princípios e Fins da Educação Nacional
> **Art. 2º.** A educação, dever da família e do Estado, inspirada nos princípios de liberdade e nos ideais de solidariedade humana, tem por finalidade o pleno desenvolvimento do educando, seu preparo para o exercício da cidadania e sua qualificação para o trabalho.
>
> ....
>
> ....
> CAPÍTULO II
> Da Educação Básica
> Seção I
> Das Disposições Gerais
> **Art. 22º.** A educação básica tem por finalidades desenvolver o educando, assegurar-lhe
> a formação comum indispensável para o exercício da cidadania e fornecer-lhe meios para progredir no trabalho e em estudos posteriores.

Já na introdução, o texto dos Parâmetros Curriculares Nacionais, apresenta como objetivo do Ensino Fundamental desenvolver nos alunos a capacidade de

> *compreender a cidadania como participação social e política, assim como exercício de direitos e deveres políticos, civis e sociais, adotando, no dia a dia, atitudes de solidariedade, cooperação e repúdio às injustiças, respeitando o outro e exigindo para si o mesmo respeito; desenvolver o conhecimento ajustado de si mesmo e o sentimento de confiança em suas capacidades afetiva, física, cognitiva, ética, estética, relação pessoal e de inserção social, para agir com perseverança na busca de conhecimento e no exercício da cidadania.* (BRASIL 2008, p. 5)

Não é exclusividade do ensino de História o desenvolvimento da temática da cidadania na escola, no entanto, em função de suas características, de como a disciplina é representada no interior da cultura escolar (CHERVEL, 1990) e considerando o rol de seus conteúdos, no ensino de História, o trabalho com o tema cidadania pode ter vários desdobramentos sendo mobilizado para o desenvolvimento de alguns conteúdos programático, para suscitar a discussão e a análise de como o direito do voto universal pode garantir a cidadania para todos ou ainda a reflexão de como o direito à participação em instâncias de poder implica inúmeras obrigações e responsabilidades para os cidadãos, de uma forma geral, e para o aluno, de forma particular – por exemplo, com a participação do aluno no conselho de classe de sua escola.

10.6 SEQUÊNCIA DIDÁTICA: EXERCITANDO A CIDADANIA

a. Atividade: cidadania além dos muros da escola.

b. Objetivo: exercitar alguns elementos fundamentais para o desenvolvimento de posturas cidadãs na escola e sociedade como: observação da realidade, reflexão, análise, discussão, debate, criação de regras de convivência, definição de prioridades e estratégias de ação, bem como possibilitar o estreitamento de laços entre diferentes indivíduos da comunidade escolar.

c. Desenvolvimento:

Módulo 1: o professor, a partir do conteúdo que estiver desenvolvendo em suas aulas, ou mesmo como objetivo da discussão geral do conceito de cidadania, proporá aos alunos que elenquem, de forma individual após entrevistas com seus familiares e vizinhos, as maiores demandas da comunidade escolar.

Concomitante a esse levantamento individual, o professor desenvolverá em suas aulas um histórico da noção de cidadania em diferentes temporalidades e culturas, bem como as formas como a cidadania se apresenta em nossas vidas a partir de seus aspectos civil, político e social. É importante que o professor deixe claro que abordará na atividade os direitos sociais como exercício de cidadania.

Módulo 2: após levantamento individual das demandas e problemas da comunidade escolar deverão ser apresentadas na lousa ou em um quadro/painel/cartolina as questões trazidas pelos alunos.

A socialização desse levantamento inicial poderá ser feito de duas formas:

1 – o professor pode pedir que cada aluno escreva os problemas encontrados e, a partir da leitura antecipada do material produzido trazer para sala um resumo de tudo que foi apresentado escriturado em um quadro/painel/cartolina. Ao apresentar a relação de problemas, o professor pode pedir que o aluno se manifeste quando sentir que a demanda que encontrou em seus entrevistados esteja contemplada pela apresentação.

2 – o professor e os alunos podem construir coletivamente em quadro/painel/cartolina ou na lousa uma relação das demandas descobertas pelo grupo.

Após o término da apresentação das demandas, os alunos deverão ser agrupados de acordo com os problemas encontrados. por exemplo, a demanda por transporte coletivo, transporte escolar, moradia, saneamento básico, iluminação pública, calçamento de ruas e passeios públicos, espaços de recreação e lazer, vagas na escola ou em creches, construção de postos de saúde, construção de telecentros e tantos outros possíveis e prováveis.

Módulo 3: após a organização dos grupos, o professor proporá aos alunos um aprofundamento do levantamento inicial com uma pesquisa feita a partir do roteiro a seguir:

- **Demanda da comunidade**: o problema precisará ser apresentado de forma mais elaborada. Por exemplo, se o problema for de transporte público, deverá ficar clara qual é realmente a necessidade: novas linhas, mais veículos, parada de ônibus próxima à escola, aumento do itinerário da linha existente, estado físico ou de higiene dos veículos, educação dos condutores e cobradores, horário de início e término das linhas etc.

- **Quem ou qual instância ou órgão poderá resolver o problema**: no exemplo de transporte público, apresentado aqui, quase sempre a demanda poderá ser resolvida pela empresa (higiene, educação de condutores) ou pelo município (novas linhas, alteração de horários e itinerários). No caso de demandas que o município poderá resolver, há a necessidade de saber qual a instância ou órgão que deverá ser mobilizado (poder executivo, câmara de vereadores, secretarias estaduais e municipais, subprefeituras...).

- **Quais ações devem ser realizadas para a resolução do problema:** os alunos serão orientados a pesquisar quais ações

Nota: haverá alguns problemas que estarão ligados a mais de uma instância de poder e responsabilidade. Por exemplo, se na região foi detectado acúmulo de lixo em terreno baldio e isso provoca aparecimento de ratos nas moradias, várias esferas deverão ser mobilizadas. Elas vão desde o controle de pragas do município, até a responsabilização do proprietário do terreno (que pode ser privado ou público), passando por um processo de conscientização da comunidade quanto aos destinos de seu lixo e dos entulhos.

Nota: a comissão poderá ser organizada por eleição ou aclamação. Por eleição, alguns alunos se apresentam com interesse de representar o grupo e são escolhidos pelos pares por voto direto e mesmo aberto. Por aclamação, a partir da demonstração de interesse ou de liderança de alguns alunos, o professor pergunta aos demais se eles fazem alguma objeção de serem representados por aqueles colegas, caso não haja objeção, assim se estabelece.

devem ser realizadas e quais instrumentos ou mecanismos podem ser usados para conseguir sanar o problema levantado ou viabilizar a conquista de benfeitoria para a comunidade. No caso de se organizar um abaixo-assinado, quem poderá assiná-lo? Se houver a necessidade de sensibilizar a opinião pública, quais meios devem ser usados (passeata, mutirão, festa coletiva, entrevista ou reportagem nas mídias locais, busca de apoio das entidades religiosas, comunicação via redes sociais...)? Se houver a facilidade e proximidade com os poderes legislativo e executivo da cidade, como e por quem pode ser formada uma comissão?

Módulo 4: após os levantamentos mais elaborados concluídos, cada grupo apresentará sua pesquisa para o professor e demais alunos em forma expositiva utilizando painéis com os dados, fotografias e reportagens colhidas.

Durante as exposições, o professor chamará a atenção para qual instância de poder as demandas são dirigidas: coletividade, subdivisões regionais do executivo (por exemplo, subprefeituras), município, estado, união ou iniciativa privada.

Módulo 5: após a exposição de todos os grupos com uma discussão mais atenta de cada uma das demandas e problemas apresentados, os alunos, juntamente com o professor farão uma lista de prioridades para a comunidade. Essa lista deve observar dois pontos básicos: 1º a necessidade de resolução do problema ou aquisição de benfeitorias para a comunidade; 2º a possibilidade da comunidade escolar (professores, gestores, pais e alunos) levar adiante ações para a resolução do problema ou conquista de melhorias para a comunidade.

Findo o processo de eleição de prioridades, uma ou duas demandas serão escolhidas pelo coletivo para se tornarem objeto de ação mais elaborada e efetiva.

Nesse módulo, ainda serão definidas estratégias preliminares, organização de comissão e produção de texto coletivo que apresente demandas escolhidas, justificativas para a escolha e plano de ação.

Módulo 6: a partir dos encaminhamentos do Módulo 5, a comissão deverá encaminhar proposta de ação aos órgãos de discussão e deliberação da própria escola, como o Grêmio Escolar, a Associação de Pais e Mestres, o Conselho de Escola ou demais como Escola de Pais, Conselho Tutelar, entre outros, para que a escola, como um órgão vivo da comunidade, encampe e encaminhe as futuras ações juntos às instâncias de competência e responsabilidade.

É de fundamental importância que os alunos protagonizem todo o processo das discussões e tomadas de decisão, como organização de abaixo-assinados, coleta de doações, organização de passeatas, montagem de faixas, criação de textos, concessão de entrevistas etc.

d. Avaliação: a avaliação será feita em todo o processo e será uma fase importante da atividade que talvez possa se transformar em outro módulo.

A atuação dos alunos em todas as etapas, seus aprendizados, a observação da realidade, a reflexão e a análise das situações e problemas da comunidade, a criação de dinâmicas de discussão e debates com objetivo de sanar problemas comuns e respeitar a alteridade e a convivência devem ser avaliados pelo professor. É muito provável que os alunos encontrem resistência na própria escola para desenvolver suas ações. Poderá ocorrer, na pior das hipóteses, que os objetivos de sanar algum problema ou de trazer algum benefício ou bem-estar para a comunidade não seja atingido. Nesse caso, deverão ser avaliados, por todos os elementos envolvidos, os limites da própria ação cidadã e da luta por direitos, com uma atenção especial para as estratégias desenvolvidas ou, mesmo, a pertinência da demanda escolhida.

10.7 PARA FINALIZAR

Fizemos um exercício na Sequência Didática de levantamento, estabelecimento de regras para a definição de prioridades e estratégias para a solução de problemas que afetam a comunidade escolar. Atividades ou pequenos projetos podem ser desenvolvidos nas aulas de História para a discussão de aspectos que perturbam a coletividade. Um dos objetivos é que a busca de soluções suscite o debate de temas que tratem de tolerância, regras de convivência, valores, ética, direitos humanos, alteridade e tantos outros possíveis e necessários ao exercício pleno da cidadania. O desenvolvimento da temática da cidadania com os alunos menores deve perpassar questões de reflexão e análise de situações concretas, quase sempre ligadas à realidade mais próxima a eles, no entanto, com o avançar das séries e consequentemente da faixa etária dos educandos, essas discussões podem e devem ser mais generalizantes, históricas e conceituais.

Podem ser desenvolvidas também atividades que estudem o direito ao voto ao longo do tempo, propondo a reflexão quanto ao direito ao voto universal garantir ou não a cidadania para todos, ou ainda trabalhar com as diferentes constituições brasileiras e refletir sobre os significados das constituições: quem as faz e a quem elas beneficiam.

A discussão sobre a cidadania, embora corra o risco de passar por um processo de esvaziamento, permite várias possibilidades de trabalho.

10.8 SUGESTÕES DE LEITURAS

Sugerimos algumas leituras que possibilitam uma visão mais ampla da história da cidadania em diferentes temporalidades e contextos culturais e históricos. Indicamos também alguns endereços eletrônicos que apresentam propostas e orientações para o desenvolvimento de projetos em escolas que abordam a temática e o exercício da cidadania:

CARVALHO, J. M. **Cidadania no Brasil:** o longo caminho. 3. ed. Rio de Janeiro: Civilização Brasileira, 2002.

PINSKY, C. B.; PINSKY, J. (org.) **História da cidadania.** 5. ed. São Paulo: Contexto, 2010.

MEC. Disponível em: <http://portal.mec.gov.br/seb/arquivos/pdf/EnsMed/ec_apres_07.pdf>. Acesso em 24 jun.2011

MEC – Portal do Professor. Disponível em: <http://portaldoprofessor.mec.gov.br/storage/materiais/0000015509.pdf>. Acesso em 28 jul.2011.

Educação para a cidadania. Disponível em: <http://www.almg.gov.br/cedis/>. Acesso em 28 jul.2011.

MEC – Domínio Público. Disponível em: <http://www.dominiopublico.gov.br/download/texto/me002918.pdf>. Acesso em 27jul.2911.

10.9 REFERÊNCIAS BIBLIOGRÁFICAS

ABUD, K. M. Conhecimento histórico e ensino de História: a produção de conhecimento histórico escolar. In: **Encontro Regional de História**, 14. Sujeitos na história: práticas e representações. Bauru: Edusc, 2001. p. 127–141.

BRASIL. Constituição (1988). **Constituição da República Federativa do Brasil.** Brasília, DF, Senado, 1988. Disponível em: <http://www.planalto.gov.br/ccivil_03/constituicao/constitui%C3%A7ao.htm>. Acesso em 27 jul. 2011.

BRASIL. **Lei de Diretrizes e Bases da Educação Nacional.** Lei n. 9.394, de 20 de dezembro de 1996. Disponível em: <http://portal.mec.gov.br/arquivos/pdf/ldb.pdf>. Acesso em 28 jun. 2011.

BRASIL. Ministério da Educação. Secretaria de Educação Fundamental. **Parâmetros curriculares nacionais:** terceiro e quarto ciclos do Ensino Fundamental – Introdução aos Parâmetros Curriculares Nacionais. Brasília: MEC/SEF, 1998. Disponível em: <http://portal.mec.gov.br/seb/arquivos/pdf/livro051.pdf>. Acesso em: 28 jun. 2011.

CARDOSO, O. P. **A didática da história e o slogan da formação de cidadãos.** 2007. Tese (Doutorado) – Faculdade de Educação, Universidade de São Paulo, 2007.

Disponível em: http://www.teses.usp.br/teses/disponiveis/48/48134/tde-22022008-113710/pt-br.php Acesso em: 28 jul.2011.

CARVALHO, J. M. **Cidadania no Brasil:** o longo caminho. 3. ed. Rio de Janeiro: Civilização Brasileira, 2002.

CHERVEL, A. História das disciplinas escolares: reflexões sobre um campo de pesquisa. **Teoria & Educação.** Porto Alegre: Pannonica, n. 2, 1990. p. 117—229.

Declaração de Independência dos Estados Unidos da América. Disponível em: <http://www.infopedia.pt/$declaracao-de-independencia-dos-estados>. Acesso em: 27 jul. 2011.

Declaração dos direitos do homem e do cidadão. Disponível em: <http://www.direitoshumanos.usp.br/index.php/Documentos-anteriores-%C3%A0-cria%C3%A7%C3%A3o-da-Sociedade-das-Na%C3%A7%C3%B5es-at%C3%A9-1919/declaracao-de-direitos-do-homem-e-do-cidadao-1789.html>. Acesso em: 27 jul. 2011.

GUARINELLO, N. L. Cidades-Estado na Antiguidade Clássica. In: PINSKY, C. B.; PINSKY, J. (org.) **História da cidadania.** 5. ed. São Paulo: Contexto, 2010. p. 29—47.

KARNAL, L. Estados Unidos, liberdade e cidadania. In: PINSKY, C. B.; PINSKY, J. (org.) **História da cidadania.** 5. ed. São Paulo: Contexto, 2010. p. 135-157.

LUCA, T. R. Direitos Sociais no Brasil. In: PINSKY, C. B.; PINSKY, J, (org.) **História da cidadania.** 5ª Ed. São Paulo: Contexto, 2010 p. 469—493.

MARSHALL, T. H. **Cidadania, classe social e status.** Rio de Janeiro: Zahar Editores, 1967.

SINGER, Paul. A Cidadania Para Todos. In: PINSKY, C. B.; PINSKY, J, (org.) **História da cidadania.** 5ª Ed. São Paulo: Contexto, 2010 p.191—263.

Considerações Finais

Refletir sobre a prática docente é uma tarefa realmente desafiadora, principalmente porque nos obriga a olhar as dificuldades impostas pelo cotidiano e as questões conflitantes do universo escolar.

Nesse sentido, escrever esse volume trouxe também a certeza que temos mecanismos que permitem que utilizemos os instrumentos encontrados em nosso cotidiano em material didático, ampliando as possibilidades de nossas práticas.

Nosso objetivo ao escrever esse volume foi compartilhar um pouco de nossa experiência docente, buscamos aproximar a produção acadêmica e intelectual às atividades e conteúdos com os quais trabalhamos em nossas aulas.

Muitas sequências didáticas foram propostas e organizadas a partir de atividades e projetos por nós desenvolvidos com nossos alunos do Ensino Fundamental.

Consideramos que a busca por uma reflexão sobre o ensino de História prescinde da ideia de que nós, professores, estamos em constante formação e que essa formação pode e deve acontecer de forma concomitante ao nosso exercício profissional no interior – mas não só nele – da escola.

Nesse contexto, a escola torna-se uma instância de produção de conhecimento, mesmo que esse já tenha sido construído por outros. Para tanto propusemos reflexões, discussões e atividades que aproximam o ensino de História à pesquisa e, finalmente, transformam nossas aulas em espaços de troca de experiências, percepções, informações e conhecimentos que possibilitam um ensino de História contextualizado, significativo e prazeroso.